Günter Alvensleben

Einzigartiges Oldenburger Land

Günter Alvensleben

Einzigartiges
Oldenburger Land

ISENSEE VERLAG
OLDENBURG

Stoppelmarkt in Vechta. *Naturoase Dümmer See.* *Auslaufende Schiffe in Wilhelmshaven.*

Bibliografische Information der Deutschen Bibliothek

Die Deutsche Bibliothek verzeichnet diese Publikation in der Deutschen Nationalbibliografie; detaillierte bibliografische Daten sind im Internet über <http://dnd.ddb.de> abrufbar.

ISBN 978-3-89995-905-5

© 2012 Isensee Verlag, Haarenstraße 20, 26122 Oldenburg –
Alle Rechte vorbehalten
Gedruckt bei Isensee in Oldenburg

Vorwort
Einzigartiges Oldenburger Land

Zweifellos stellt ein Begriff wie „einzigartig" einen hohen Anspruch dar, und von daher darf der Blick auf das Oldenburger Land sicherlich recht kritisch ausfallen. Aber wie man das Land zwischen Nordseeinsel Wangerooge und Dümmer, zwischen Weser und der „Grenze" zu Ostfriesland auch betrachtet und einschätzt: Das Oldenburger Land ist und bleibt einzigartig! Geschichte, Landschaft, Städte, Kultur, Brauchtum und Lebensart bilden hier eine unglaubliche Vielfalt.

Zugegeben, einige „Schätze" sind in dem doch manchmal herben Landstrich nicht immer auf den ersten Blick zu erkennen; sie müssen hier und da gehoben werden. Man sollte sich daher im Oldenburger Land Zeit nehmen, dann eröffnen sich vielerorts erstaunlich einzigartige Momente, Einblicke und Erlebnisse. Das Oldenburger Land lebt von eindrucksvollen Kontrasten: Jahrhundertalte sakrale und profane Bauwerke, historische Orte und reizvolle Landschaften wechseln ab mit modernen, zukunftsorientierten Städten, bedeutenden Industriebetrieben und beliebten Freizeiteinrichtungen.

Genau diese Merkmale des Oldenburger Landes sollen hier dargestellt werden. Wobei es sich Autor und Verlag bei der Auswahl der Beiträge nicht leicht gemacht haben. Die Fülle der vorhandenen, typischen Gegebenheiten des Oldenburger Landes ist einfach überwältigend. So soll dieses Büchlein umso mehr ein beispielhafter und nachhaltiger, die Neugierde weckender Streifzug durch das Land voller Überraschungen und Entdeckungen sein. Das Fazit: Auf jeden Fall ist das historisch gewachsene, attraktive Land der Grafen, Herzöge und Großherzöge, das Oldenburger Land, einzigartig!

Günter Alvensleben

 ## *Die Oldenburger Landesfahne*

Abgesehen von dem im 19. Jahrhundert vom Hause Oldenburg geführten Wappen, in dem die Herrschaftsbereiche Oldenburg, Delmenhorst, Jever, Birkenfeld und das Fürstentum Lübeck heraldisch berücksichtigt wurden, sind unter Großherzog Nikolaus Friedrich Peter (Peter II.) von Oldenburg im Jahre 1871 die heute noch gebräuchlichen Landesfarben blau und rot eingeführt worden. Die Oldenburger „Kreuzfahne" – rotes Kreuz auf blauem Grund – erinnert von der Gestaltung her an die in den skandinavischen Ländern üblichen Kreuzfahnen. Es ist anzunehmen, dass die historische Bindung des Hauses Oldenburg zu Dänemark und Norwegen bei den Überlegungen zur Entwicklung der Landesfahne eine Rolle gespielt hat. Offiziell gibt es sie seit dem 3. Oktober 1919 (Bekanntmachung des Oldenburgischen Staatsministeriums).

Inhalt

Vorwort 5

Landschaft und Entwicklung

Ammerland – Rhododendronblüte und Parklandschaft 8
Pferdezucht Vechta – Champions aus Oldenburger Zucht 10
Insel Wangerooge – Die Oldenburger Insel 12
Dümmer See – Niedersachsens zweitgrößter Binnensee 14

Schlösser, Burgen, Kirchen

Schloss Oldenburg – Burganlage und großherzogliches Schloss 16
St. Alexander-Kirche Wildeshausen – Die älteste erhaltene Basilika des
Oldenburger Landes 18
Kloster Burg Dinklage – Romantische Wasserburg und Benediktinerinnen-Kloster 20

Traditionelle Feste

Gildefest Wildeshausen – Brauchtumsfest seit über 600 Jahren 22
Stoppelmarkt Vechta – Mit Jann und Libett über's Festgelände 24
Großveranstaltungen in Wilhelmshaven – Feiern und Segeln an der Jade 26

Sitten, Bräuche, Traditionen

Boßeln – „Kegeln im Freien" 28
Sonnenwendfeier Conneforde – Feuer und Flamme für einen alten Brauch 30
Erntefest in Westerscheps – Grode ammersche Arntefier 32

Essen und Trinken

Grünkohl – Die Oldenburger Palme 34
Smoortaal, Löffeltrunk, Heet un Sööt – „Gourmet-Teller" mit Zeremonie 36

Aus der Geschichte des Oldenburger Landes

Von der Grafschaft zum Großherzogtum Oldenburg – Aus der Geschichte
des Oldenburger Landes 38
Friesendenkmal Westerstede – „Ob dat de Fresen de Bammel slage!" 40

Verdienstvolle Frauen

Maria von Jever – Herrscherin über das Jeverland 42

Helene Lange – Symbolfigur der Frauenbewegung in Deutschland 44

Erna Schlüter – Karriere einer hochdramatischen Sopranistin 46

Berühmte Männer

Ludwig Münstermann – Bildhauer und sensibler Künstler 48

Clemens August Kardinal von Galen – Der „Löwe von Münster" 50

August Hinrichs – Heimatdichter, Schriftsteller und Bühnenautor 52

Horst Janssen – Ausnahmekünstler 54

Bildende Kunst und Musik

Landesmuseen Oldenburg – Kunst-, Kultur- und Landesgeschichte 56

Internationale Musiktage – Eine Rasteder Großveranstaltung 58

Künstlerdorf Dangast – Nordseebad am Jadebusen 60

Bemerkenswerte Orte

Schwimmendes Moor – Ein landschaftliches Kleinod 62

Megalithgräber – Visbeker Brautzug – Relikt aus der Jungsteinzeit 64

Museumsdorf Cloppenburg – Niedersächsisches Freilichtmuseum 66

Premium AEROTEC-Werke – High-Tec-Segmente aus Varel und Nordenham 68

Schifffahrt, traditionell und modern

Schiffahrtsmuseum Brake – Internationale Handelsschifffahrt Unterweser 70

Marinemuseum Wilhelmshaven – Dauerausstellung in der Kaiserlichen Werft 72

JadeWeserPort Wilhelmshaven – Einer der modernsten Containerhäfen Europas 74

Bildnachweis 77

Ammerland
Rhododendronblüte und Parklandschaft

In verschiedenen Regionen Europas werden abwechslungsreiche Naturräume als „Park-landschaft" bezeichnet. Wenn es um diesbezügliche prägnante Landstriche im Nordwesten Niedersachsens geht, ist das Ammerland, der Kern des Oldenburger Landes, ebenfalls als einzigartige Parklandschaft einzuordnen. Sie hebt sich deutlich ab von den umgebenen Be-reichen wie beispielsweise die Wesermarsch und Ostfriesland. Das Ammerland gilt außer-dem als das größte Baumschulengebiet in Deutschland.

Bekannt ist diese Region vor allem für die je-weils von Mitte April bis Anfang Juni überwäl-tigende Rhododendronblüte, die es in dieser un-beschreiblichen Blütenpracht in Deutschland kein zweites Mal gibt. Kein Wunder, dass sich Deutschlands größter Rhododendronwaldpark im Ammerland, im Ortsteil Linswege der Kreis-stadt Westerstede, befindet. Auf über 70 Hektar Fläche trifft der Besucher auf eine unglaubliche Fülle von bis zu 7 Meter hohen Rhododen-drongewächsen in allen Farben, Formen und Variationen. Der bereits im Jahre 1928 einge-richtete Park, mit einem 8 Kilometer langen We-genetz, wird von der internationalen Fachwelt als einer der landschaftlich schönsten Europas bezeichnet. Bachläufe, Teichanlagen und präch-tige, zum Teil exotische Baumbestände verlei-hen ihm ein ansprechendes Ambiente.

Jeweils von Mitte April bis Mitte Juni: Blütenpracht im Rhododendron-Waldpark Westerstede-Linswege.

Park der Gärten: Einer der über 40 aufwendig gestalteten Themengärten.

Zu den vielseitigsten und sehenswertesten Parks in Deutschland – so eine Auszeichnung im Jahre 2004 – zählt zweifellos auch der „Park der Gärten" in Bad Zwischenahn, unweit des Zwischenahner Meeres. Hervorgegangen aus der ersten „Landesgartenschau Niedersachsen" im Jahre 2002, sucht diese Garten- und Parkanlage in ihrer Art weit und breit ihresgleichen. Was hier auf der gut 17 Hektar großen Fläche an gärtnerischer und parkrelevanter Gestaltungskultur geschaffen wurde und wird, begeistert alljährlich von April bis Oktober Naturliebhaber und Gartenfachleute aus aller Welt. Je nach Jahreszeit präsentiert der „Park der Gärten" Themen-, Stauden- und Skulpturengärten, leuchtende Rhododendron- und Heidebereiche und prächtige Blumenbänder. Wasserläufe, Teiche und Fontänen erweitern das beeindruckende Angebot. Und wenn an Sommerabenden der „Park der Gärten" mystisch illuminiert wird oder romantische Klänge die Stimmung verzaubern, dann zeigt sich das Ammerland von seiner wirklich einzigartigen, naturnahen Seite.

Park der Gärten: Ein farbenfroher Heidebereich.

Die romantische Abend-Illumination im Park der Gärten.

Pferdezucht Vechta
Champions aus Oldenburger Zucht

*Bereits unter Graf Anton Günther von Oldenburg (1603-1667), der als exzellenter Pferde-
kenner galt und nicht zuletzt als Förderer der Pferdezucht mit seinem Pferd „Kranich" in die
Geschichte einging, hatte die Zucht der Oldenburger Pferde europaweit eine große Bedeutung.
Kein Wunder, dass diese Pferderasse nach ihm, dem Oldenburger Grafen, benannt wurde.
Der „Oldenburger" – Stammregister von 1861 – ist heute ein gefragter, hochkarätiger Sport-
pferdetyp mit Aufsehen erregenden internationalen Erfolgen. Bei Weltmeisterschaften gehen
die Champions aus der Oldenburger Zucht selten ohne Gold- und Silbermedaillen nach Hause.*

Im Mittelpunkt der Pferdezucht im Oldenburger Land steht das technisch vorbildlich
ausgerüstete „Oldenburger Pferde Zentrum
Vechta". Hier befindet sich der international
bekannte und anerkannte Auktions- und Kör-
platz des Oldenburger Pferdezuchtverbandes.
Für hochrangige pferdesportliche Großveranstaltungen im stilvollen Ambiente stehen drei
modernste Reithallen zur Verfügung. Außer-
dem gehören zum Pferdezentrum zahlreiche
Innen- und Außenboxen. Im Hinblick auf neu-
este Erkenntnisse bei der Pferdezucht wird
auch „Pferdewellness" ganz groß geschrieben,
denn ein Pferdesolarium, ein Pferdeföhn, ein

*Berühmter Champion „Donnerhall": Zur „Karriere"-Zeit (rechts), als Standbild in
Oldenburgs City (links).*

Immer spannende Veranstaltungen: Der Reit- und Turnierplatz.

Wasch- und Schmiederaum sowie ein tierärztlicher Untersuchungsraum sind eine Selbstverständlichkeit.

Der Oldenburger Pferdezuchtverband operiert von Vechta aus in Deutschland, Europa, Kanada und Neuseeland sowie in den USA und sichert sich damit im Hinblick auf seine qualitativ wertvolle und erfolgreiche Zucht von Topsportpferden einen der oberen Plätze im weltweiten Ranking der Pferdezuchtverbände. Aber vor allem auch das Oldenburger Land profitiert von den Aktivitäten des „Oldenburger Pferde Zentrums Vechta". Denn nicht nur in Vechta ziehen alljährlich Großereignisse (u.a. Elite-Auktionen mit Körung, Fohlen- und Reitpferdemärkte, Reitsportvorführungen) begeisterte Fachleute und Besucher aus aller Welt in ihren Bann, auch im Schlosspark in Rastede oder in der Weser-Ems-Halle in Oldenburg zeigen die „Oldenburger" bei einzigartigen Eliteschauen und Reitsportveranstaltungen ihr grandioses Können.

Gesamtansicht Oldenburger Pferdezentrum Vechta.

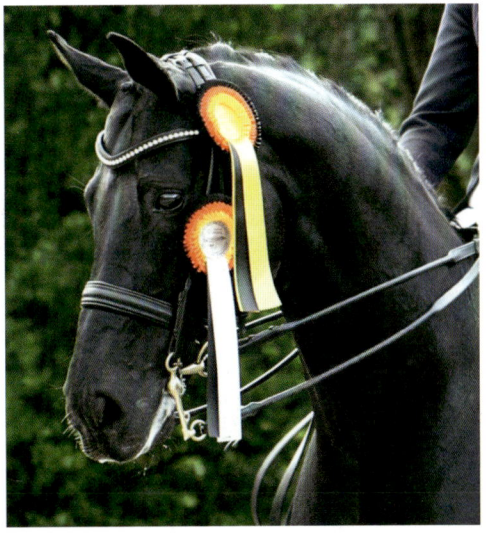

Oldenburger Zuchtpferd beim Turnier.

Insel Wangerooge
Die Oldenburger Insel

Die im weiten Mündungsbereich von Jade und Weser gelegene Insel Wangerooge – die östlichste der niedersächsischen Nordseeinseln – hat außer der ständigen Formung durch den Wind und der Tatsache, dass sie per Fährschiff nur von Ostfriesland aus erreichbar ist, mit „Ostfriesland" historisch und geographisch nichts gemein. Schon seit über 400 Jahren gehört die Insel Wangerooge zweifelsfrei zum Oldenburger Land, denn sie fiel zum Leidwesen der Ostfriesen 1575 an das Haus Oldenburg.

Wangerooge pur: Inselbahn und „Westturm", heute Jugendherberge (1932).

Die einzige bewohnte „Oldenburger Insel" in der Nordsee (erste Erwähnung des Ortes „Wanger-Ooge" 1327) hat von daher für die Region eine besondere Bedeutung. Die 9 Kilometer lange und 8 Quadratkilometer große Insel Wangerooge (1.300 Einwohner) ist eine attraktive und abwechslungsreiche Erlebnisinsel mit weiten Badestränden und einem Meerwasser-Hallenbad. Im Wattenmeerhaus gibt es aufschlussreiche Informationen über den seit 1984 existierenden „Nationalpark Niedersächsisches Wattenmeer" (inzwischen zum UNESCO-Weltnaturerbe erklärt), in dessen Bereich die Insel liegt. Erreichbar ist die „Oldenburger Insel" vom Fährhafen Wittmund-Carolinensiel. Zwi-

schen Inselanleger und Inselbahnhof verkehrt eine Inselbahn, denn für Autos gilt auf Wangerooge die „Rote Karte".

Fährschiff „Wangerooge" und Inselbahn.

Weißer Sand, rauschendes Meer, blauer Himmel: Wangerooges weiter Strand.

Geschichtlich ist interessant, dass der einstmals am Weststrand der Insel vorhandene Kirchturm, der in früherer Zeit schon als wichtiges Seezeichen galt, 1595 in den Fluten versank. Um die Schifffahrt in der Wesermündung zum Bremer Hafen zu gewährleisten, ließ Graf Johann VII. von Oldenburg 1597 den ersten „Westturm" errichten, der allerdings – nach mehreren baulichen Veränderungen – 1914 aus militärischen Gründen weichen musste. Bis zu diesem Zeitpunkt hatte er wechselnde russische, niederländische und französische Regentschaften heil überstanden. Welcher Nordsee-Leuchtturm, welche Nordseeinsel kann schon nachweisen, dass hier – wenn auch nur für relativ kurze Zeit und aus der Ferne – die russische Zarin Katharina die Große das Sagen hatte! Im Jahr 1932 entstand ein neuer, 57 Meter hoher „Westturm", der heute als beliebte Jugendherberge dient. Sein Nachfolger, der „Alte Leuchtturm" (hier kann auch geheiratet werden), bietet als Aussichtsturm einen herrlichen Rundblick über die Insel und auf das Meer. Der seit 1969 in Betrieb befindliche moderne Leuchtturm ist das höchste Bauwerk der Insel. Wie gesagt, die „Oldenburger Insel" Wangerooge ist einzigartig!

Der „Alte Leuchtturm" (35 m hoch).

Inseltradition: Das bekannte „Café Pudding".

Dümmer See
Niedersachsens zweitgrößter Binnensee

Das einzigartige Oldenburger Land braucht sich eigentlich nicht mit fremden Federn zu schmücken, vor allem dann nicht, wenn es um Gewässer, Seen und Meere geht: Jadebusen, Nordseeküste, Zwischenahner Meer und bekannte Flussläufe sprechen für sich.

Auch der 16 Quadratkilometer große Dümmer See, Niedersachsens zweitgrößter Binnensee, hat seine Reize. Das Oldenburger Land berührt den See ganz im Süden lediglich im Uferbereich der Stadt Damme, aber der „Dümmer" gehört – der benachbarte Landkreis Diepholz möge das verzeihen – des Erlebens und der Optik wegen einfach dazu. Denn seitdem im Jahre 1803 das Oldenburger Münsterland dem Großherzogtum Oldenburg zugeteilt wurde, eröffneten sich auch in diesem Landstrich zusätzlich neue

Perspektiven. Sogar die direkte natürliche Verbindung mit der Nordsee ist gegeben: Die Hunte durchfließt den Dümmer, erreicht im Raum Goldenstedt das Oldenburger Land und mündet bei Elsfleth (Wesermarsch) in die Weser. Der Dümmer See, der heute den Mittelpunkt des über 470 Quadratkilometer großen Naturparks Dümmer bildet, ist vor allem an der „Oldenburger" Westseite, in dem zur Stadt Damme gehörenden Ortsteil Dümmerlohausen, ein wahres Eldorado für Wassersportler. Im Ge-

Der Dümmer aus der Vogelperspektive. Rechts das Oldenburger Ufer mit dem „Olgahafen".

Der beliebteste Wassersport auf dem Dümmer: Segeln.

gensatz zu anderen, streng Natur geschützten Uferbereichen sind hier – abgesehen von Freizeiteinrichtungen am gegenüber liegenden Ostufer des Sees – Segeln, Surfen, Rudern, Paddeln und andere maritime Freizeitmöglichkeiten angesagt. Der „Olgahafen" ist ein beliebter Treffpunkt für Wassersportler aus der Region. Doch die Natur hat überwiegend Vorfahrt. Der Dümmer ist ein in Feuchtgebieten (Hoch- und Niedermoore) eingebetteter Flachsee (durch-

schnittliche Tiefe 1,50 Meter). In diesen „Feuchtgebieten von internationaler Bedeutung" tummeln sich seltene Vogelarten wie Kiebitz, Weißstorch, Kormoran, Seeschwalbe und Schnepfe. Besonders wertvoll sind die Röhrichtbestände, die vorgelagerten Laichkraus- und Seerosenflächen sowie die angrenzenden Sumpfdotterwiesen. Auf jeden Fall ist der Dümmer ein See für alle Jahreszeiten. Das macht ihn einfach anziehend.

Abendstimmung im Naturpark.

Schilfufer mit auffliegendem Graureiher.

Der Dümmer: Ein Wintermärchen.

Hochbetrieb zur Sommerzeit.

Schloss Oldenburg
Burganlage und großherzogliches Schloss

Zugegeben, das in der Oldenburger Stadtmitte gelegene, rundum in gelb gehaltene Schloss erscheint auf den ersten Blick nicht gerade als ein Märchenschloss, aber es hat die Geschichte der Region zwischen Dümmer und Nordsee nachhaltig geprägt und ist von daher einzigartig.

Der Ursprung des Schlosses geht wohl auf eine angelsächsische Wall- und Wehranlage zurück, wie sie in der Zeit vom 8. bis 11. Jahrhundert vor allem im Bereich zwischen Ems, Weser und Elbe üblich waren.

Die Herkunft des Namens „Oldenburg" kann verschiedene Wurzeln haben, wie beispielsweise die Bezeichnung „Aldenburg" für „de olle Burg" oder zuvor „Omersburg" (Burg im Ammerland). Historisch gesichert ist die erstmalige Erwähnung der Burganlage im Jahre 1108. Es handelte sich um eine so genannte „Zweiinselburg" mit Vorburg, Hauptburg und einer Zwischengraft. Die bald als Schloss bezeichnete Burg erlebte in den nachfolgenden Jahrhunderten (15.-19. Jahrhundert) verschiedene Architekturepochen mit Neubauten, Abbrüchen und Erweiterungen.

Graf Anton Günther ist als der bedeutendste Repräsentant (1603-1667) des Hauses Oldenburg in Erinnerung geblieben. Zu seiner Zeit erfuhr das vom 30-jährigen Krieg verschonte Land eine wirtschaftliche und kulturelle Blüte; er forcierte ab 1607 die Erneuerung des Schlos-

Im Blickfeld: Der Schlosskomplex mitten in der Stadt (von Süden her gesehen).

Elegante Inneneinrichtung (19. Jahrhundert): Das Empfangszimmer.

ses im Stil der Renaissance. Auch der Bildhauer Ludwig Münstermann verdingte sich hier als anerkannter Künstler. Die Oldenburger Residenz zeigte jetzt zunehmend Stil und ein selbstbewusstes Erscheinungsbild. Mit der im Jahre 1774 ausgesprochenen Erhebung Oldenburgs zum Herzogtum und im Jahre 1815 zum Großherzogtum sowie durch die Ausdehnung des Herrschaftsbereiches entwickelte sich im Schloss ein standesgemäßes, höfisches Leben.

Sein heutiges Aussehen erhielt das Schloss in den Jahren 1894 bis 1897. Seit November 1918 wird es nicht mehr von der großherzoglichen Familie bewohnt. Es dient als weit über die Grenzen Oldenburgs bekanntes Museum für Kunst und Kulturgeschichte. Auch eine altertümliche Sammlung des (Groß-)Herzogtums Oldenburg mit Gemäldegalerie ist in gut erhaltenen Räumen und Sälen zu sehen. Unweit des Schlosses befindet sich der gepflegte, sehenswerte Schlosspark, angelegt 1806-1819.

Extravagant: Der Marmorsaal.

Das Schloss-Hauptportal (1607-1615).

St. Alexander-Kirche Wildeshausen
Die älteste erhaltene Basilika des Oldenburger Landes

Die Kreisstadt Wildeshausen ist nicht nur der älteste Ort des Oldenburger Landes, sie besitzt auch die älteste erhaltene Basilika.

Der Mittelteil der Basilika präsentiert ein beeindruckendes Dominikalgewölbe.

Sowohl die Stadt Wildeshausen als auch die evangelische Pfarrkirche St. Alexander sind eng mit der Herrschaft des Herzoghauses Wittekind verbunden, denn Wildeshausen war im 9. Jahrhundert die Heimat des Sachsenkönigs Wittekind. Sein Enkel überführte 851 die Reliquien des Märtyrers Alexander von Rom nach Wildeshausen. Die Bezeichnung „St. Alexander-Kirche" hat hier ihren Ursprung.

Es ist davon auszugehen, dass seinerzeit bereits ein Kirchenbau existierte, der als „Stift Alexandri" und vor allem von den Zisterziensern als romanische Kirche ab 1175 weiter ausgebaut wurde. Die Anfang des 20. Jahrhunderts grundlegend erneuerte dreischiffige Basilika mit Querschiff, quadratischem Chor und wuchtigem Westturm gleicht im Grundriss dem Osnabrücker Dom. Das Kircheninnere präsentiert ein beeindruckendes Dominikalgewölbe mit dazu ausgewogenen Rundbogenarkaden.

Mit dem Bau und der Fertigstellung des 55 Meter hohen Turmes ließ man sich – wahrscheinlich aus finanziellen Gründen – fast ein Jahrhundert Zeit. Interessant ist der zwischen 900 und 1000 erbaute Remter. Er schließt sich der St. Alexander-Kirche unmittelbar an und gilt nicht nur als eines der ältesten bewohnten Gebäude Deutschlands, sondern ist gleichzeitig das älteste Haus in Wildeshausen.

Die St. Alexander-Kirche erfuhr je nach Zeitgeschmack mehrere gravierende Renovierungen. Bekannt sind die Renovierungsarbeiten des 17. Jahrhunderts, die jedoch im Jahre 1907 rückgängig gemacht wurden. Bei der Neugestaltung von Altar, Kanzel und Fenster sowie bei der Ausmalung der Fenster achtete man darauf, dass die Innengestaltung mit dem spätromanischen Erscheinungsbild harmonierte. Die im Zweiten Weltkrieg zerstörte Turmspitze erhielt 1978 wieder die ursprüngliche Bauform. Von den 1953 freigelegten Resten von Fresken stammen die in der Sakristei vorgefundenen Meisterwerke aus dem 15. Jahrhundert und zeigen Motive der Passionsgeschichte und Falkenjagdszenen.

Zur ältesten Ausstattung der Kirche gehören der spätgotische, aus Sandstein gemeißelte Levitenstuhl (Ende des 15. Jahrhunderts) und das auffallend gegliederte, ebenfalls aus Sandstein bestehende Sakramentshäuschen (1. Hälfte des 15. Jahrhunderts).

Die Nordseite des gewaltigen Bauwerkes mit 55 m hohem Westturm.

Kloster Burg Dinklage

Romantische Wasserburg und Benediktinerinnen-Kloster

Burgen im klassischen Sinne gehören im Oldenburger Land schon der geografischen Struktur wegen nicht unbedingt zum markanten historischen Bauerbe. Doch die nahe Vechta gelegene Wasserburg Dinklage, die älteste Anlage ihrer Art im Oldenburger Land, ist schon vom äußeren Erscheinungsbild her als stolze, von Gräften umgebene Vierflügel-Burganlage auszumachen. Berühmt macht sie die Tatsache, dass hier 1878 Clemens August Kardinal von Galen zur Welt kam, der 1938 Bischof wurde und als „Löwe von Münster" in die Geschichte einging, weil er sich energisch für die Kirche und gegen jegliche Rassenpolitik eingesetzt hatte.

Historische Quellen besagen, dass am jetzigen Standort der Wasserburg Dinklage um 1400 vier Burgen von den Söhnen Frederichs von Dinklage in enger Nachbarschaft errichtet worden sind. Erhalten geblieben ist lediglich die „Dietrichsburg", die heutige, von einem 500 Hektar großen Waldbereich umgebene Burg Dinklage.

Die im guten Zustand befindliche Burg Dinklage weist in ihrem Baukern eindeutig bauliche Elemente aus dem 14. bzw. 15. Jahrhundert auf.

Das Renaissanceportal, durch das man den inneren Burghof erreicht, stammt allerdings aus dem Jahre 1599 und zeigt das Wappen der

Das Renaissanceportal der Burganlage mit den Wappen früherer Besitzer.

Familie Dinklage sowie das der Familie von Ledebur, die nur für relativ kurze Zeit die Burg bewohnt hat (1585-1664).

Fest steht, dass die Familien von Dinklage im Zeitraum von 1231 bis 1587 im Bereich Vechta residiert haben. Ihr Einfluss sank jedoch im Laufe der Zeit bis zur Bedeutungslosigkeit und die Burganlagen verkamen zusehends. Neben anderen adeligen Besitzungen erwarb schließlich die Familie von Galen (Stammsitz Gahlen an der Lippe) den ehemaligen von Dinklage-Besitz und erneuerte die damalige „Dietrichsburg" vollständig.

Im Jahre 1948 übereignete die Familie von Galen den gesamten Burgkomplex an den Orden der Benediktinerinnen, sodass man heute auch vom „Kloster Burg Dinklage" spricht. Ein Besuch des Klosterinnenhofes bzw. des Kirchenraumes ist allerdings nur während der Gottesdienste oder auf Anmeldung möglich.

Die Vorderfront im Spiegelbild der Graft.

Innenraum der Burgkapelle.

Die Klosterkapelle.

Blick in den Innenhof.

Gildefest Wildeshausen

Brauchtumsfest seit über 600 Jahren

Auch im Oldenburger Land weiß man zu feiern, wenn historische, traditionelle Ereignisse dazu Anlass geben. Die „Wildeshauser Schützengilde von 1403" feiert seit über 600 Jahren jeweils um die Pfingstzeit. Und wie! Denn wenn hier eines der größten Brauchtumsfeste Niedersachsens im Kalender steht, hat die ganze Stadt ihre große Zeit.

Vor dem Festumzug: Allgemeines Sammeln im Krandel-Stadion.

Zugegeben, das Gründungsjahr könnte vielleicht nicht ganz korrekt sein, denn der genaue Anlass und der eigentliche Hintergrund für die alljährliche Wiederkehr des einzigartigen Gildefestes sind nicht eindeutig überliefert.

Wie dem auch sei: Wenn die Schützengilde feiert, dann bricht für die Stadt Wildeshausen und „umzu" die „Fünfte Jahreszeit" an. Selbst von denjenigen, die irgendwann in die Ferne gezogen sind, taucht so mancher voller Heimweh und aus alter Verbundenheit zum Gildefest in „seiner" Stadt wieder auf, um hier wie in alten Zeiten tagelang fröhlich mitzufeiern.

Schon der Abend des Pfingstsamstag bietet vor allem jungen Bürgern Gelegenheit, sich auf das Gildefest einzustimmen. Bei der großen Auftaktveranstaltung am Pfingstsonntag zeigen sich dann Musikzüge, Fahnenträger und Wachkompanie in Bestform.

Höhepunkte am Abend sind der große Zapfenstreich und ein Brillantfeuerwerk. Im Rahmenprogramm des Pfingstmontag stehen abwechslungsreiche musikalische Darbietungen und das beliebte Familienfest. Am späten Abend treten die Schützenkompanien zu einem großen Fackelzug an. An beiden Pfingsttagen

Ein wichtiger Programmpunkt beim Gildefest: Das Bogenschießen um die Kinderkönigswürde.

finden außerdem ein Bauern- und ein Handwerkermarkt statt. Am Dienstag heißt es für alle Schützen topfit zu sein, denn bereits um 4.00 Uhr ist Weckzeit. Danach geht es im protokollarisch festgelegten Programm buchstäblich Schlag auf Schlag weiter: Festliche Abholung des noch residierenden Königs, Parade der Schützenkompanien, Königsschießen und Marsch der Schützen mit dem neuen König durch die festlich geschmückte Stadt. Mit einem stimmungsvollen Festabend endet dieser ereignisreiche Tag.

Am nachfolgenden Samstag haben dann die ganz jungen Bürger der Stadt das Sagen. Beim Kinderschützenfest stehen Ausmarsch des Kinderregiments, das Schießen um die Kinderkönigswürde und natürlich ein Kinderkönigsball auf dem Programm. In Wildeshausen ist das Schützenfest nicht irgendein Fest, sondern etwas ganz Besonderes, denn „die Stadt ist die Gilde und die Gilde ist die Stadt"! Hier ist sogar der jeweilige Bürgermeister selbstverständlich der „General" der Gilde.

So freuen sich jedes Jahr Schützen, Bürger und zahlreiche Gildefans aus nah und fern auf das einzigartige „Fest der Feste" im Oldenburger Land.

„Pfingsten ward fiert"!

Der Höhepunkt: Das Papagoy-Schießen.

„Antreten" auf der Burgwiese.

Stoppelmarkt Vechta
Mit Jann und Libett über's Festgelände

Wenn jeweils Mitte August in der im Oldenburger Münsterland gelegenen Kreis- und Hoch-schulstadt Vechta der Stoppelmarkt im Veranstaltungskalender steht, beginnt hier ein Fest der Superlative, das, gemessen an der Einwohnerzahl der Stadt (etwa 30.000), zweifellos zu den bedeutendsten Volksfesten in Norddeutschland zählt. Mit bis zu 800.000 Besuchern kann sich der Stoppelmarkt getrost mit anderen vergleichbaren Events in Deutschland messen.

Bereits im Jahre 1298 wird der höchstwahr-scheinlich aus einem simplen Pferdemarkt her-vorgegangene „Markt" erstmalig erwähnt; zu einer Zeit, in der Vechta bereits das Zoll-, Münz- und Marktrecht besaß. Jahrhunderte lang fand der Markt stets in den Gassen des Ortszentrums statt. Doch während einer ver-heerenden Pest wurde der seinerzeit bereits beliebte Markttreff auf ein abgeerntetes Feld außerhalb der Stadtmauern verlegt. Das Markt-

Festplatz der Superlative: Kettenkarussell und Riesenrad gehören zu den größten Fahrgeschäften Europas.

Auch im Lichtermeer grandios: Der Stoppelmarkt am Abend.

geschehen spielte sich seit der Zeit regelmäßig vor den Toren der Stadt ab, und der Begriff „Stoppelmarkt" setzte sich durch.

Das heutige 16 Hektar große Festgelände im gleichnamigen Stadtteil Stoppelmarkt wartet Jahr für Jahr mit einem spektakulären Freizeit- und Amüsierangebot auf. Dazu gehören über 500 Marktgeschäfte. Zusätzlich lassen etliche Restaurationszelte und abwechslungsreiche Live-Veranstaltungen keinerlei Langeweile aufkommen. Insgesamt 6,3 Kilometer lang ist die Front aller Marktgeschäfte. Eine Art „Pflichtbesuch" für die Marktbesucher ist der jeweils

Sogleich ein Ansturm: Die Eröffnung.

am Montag stattfindende „Pferdemarkt". Hier gilt noch wie im Mittelalter der Handschlag beim verbindlichen Geschäftsabschluss.

Der Ausstrahlungskraft und Bedeutung des Stoppelmarktes kann sich auch die politische und geistliche Obrigkeit nicht entziehen, denn Niedersachsens Ministerpräsident und Osnabrücks Weihbischof halten nicht nur Festansprachen, sondern feiern auch kräftig mit. Und wenn die „Leitfiguren" Jann und Libett das Fest offiziell eröffnet haben, dann gibt's sowieso kein Halten mehr!

Die „Leitfiguren": Jann und Libett.

Großveranstaltungen in Wilhelmshaven
Feiern und Segeln an der Jade

Das Oldenburger Land ist auch das Land der Feste und großen Brauchtumsveranstaltungen. Der „Stoppelmarkt" in Vechta, das „Gildefest" in Wildeshausen oder der „Zeteler Markt" sind weit über die Grenzen der Region bekannt. Doch nicht nur draußen im Land versteht man zu feiern und die traditionellen Feste zu genießen. Das beweist eindrucksvoll die Seehafenstadt Wilhelmshaven, denn sowohl direkt am als auch auf dem Wasser stehen jedes Jahr große maritime Ereignisse im Veranstaltungskalender.

Ende Juni/Anfang Juli trifft sich der Nordwesten seit Jahrzehnten am Bontekai und rund um den Hafen zum „Wochenende an der Jade".
Seit 1974 lockt das größte Stadt- und Hafenfest an der niedersächsischen Nordseeküste jedes Jahr hunderttausende Besucher nach Wilhelmshaven. Vier Tage lang herrscht hier ein eindrucksvolles maritimes Ambiente. Feuerschiffe,

Großsegler, Marineeinheiten, Rundfahrboote und Barkassen bieten je nach Möglichkeit Besichtigungen, Tagestörns und Hafentouren an. Einer der Höhepunkte im Festprogramm ist das Drachenbootrennen.
Als Treffpunkt Nummer eins gilt zweifellos der Bontekai mit dem „Kajenmarkt". An der beliebten Promenade gehen die Schiffe vor An-

Einer der Höhepunkte beim „Wochenende an der Jade": Das Feuerwerk über der Kaiser-Wilhelm-Brücke.

Bei Wind und Wetter: Beim „JadeWeserPort-CUP" geht es zur Sache.

Treffpunkt Bontekai.

September- oder ersten Oktober-Wochenende ebenfalls maritime Atmosphäre pur. Der neue Containerhafen, einer der größten Europas, macht's möglich. Neben zahlreichen Veranstaltungen am Bontekai mit Kajenmarkt und Musikbühnen und im Hafen mit Schülerregatta, Junior-CUP und „Open-Ship" steht jeweils am Samstag die große Segelregatta im absoluten Mittelpunkt des Geschehens. Bis zu 20 Traditionssegler aus Deutschland und den Niederlanden stehen dann auf der Teilnehmerliste. Die nach der Wertungsregatta anstehende große Einlaufparade fasziniert stets mehrere zehntausend Besucher und ist das optische Highlight der ereignisreichen Veranstaltungstage.

Die Seeseite des Oldenburger Landes bietet eben nicht nur Ebbe und Flut ...

ker; hier beginnt Wilhelmshavens „Maritime Meile", die über die „Kaiser-Wilhelm-Brücke" bis zum Südstrand mit Blick auf die offene See führt. Fahrgeschäfte am Südstrand, Veranstaltungen im Bereich der Wiesbadenbrücke und besondere Angebote für die jüngeren Besucher ergänzen das abwechslungsreiche Programm beim „Wochenende an der Jade".

Aber Wilhelmshaven glänzt noch mit einem zweiten maritimen Großereignis: Beim „JadeWeserPort-CUP" herrscht jeweils am letzten

Segelschiffe in Wartestellung vor dem Auslaufen.

Boßeln

„Kegeln im Freien"

Seit wann auch im Oldenburger Land das „Boßeln", sozusagen als „Kegeln im Freien", von begeisterten Anhängern dieser „Open Air-Wettkämpfe" betrieben wird, lässt sich nicht genau datieren. Vermutlich wurde die regionaltypische Sportart vom „Boßelstammland" Ostfriesland übernommen. Und so kämpfen sich bei der für den Besucher aus anderen deutschen Landen etwas eigenwillig erscheinenden Freizeit- und Sporttradition immer wieder Gruppen von Jugendlichen, Frauen und Männern auf befestigten Straßen und Wegen von Dorf zu Dorf.

Zum Ende des 19. Jahrhunderts wurde diese Sportart entwickelt und setzte sich mit dem Ausbau des Straßennetzes immer mehr durch. Es ist schon interessant zu erleben, wie Boßeler die Kugel – zumeist eine 12 Zentimeter dicke Hartholzkugel („Pockholzkugel") mit einem Gewicht von 1.200 Gramm oder eine Gummikugel (10,5 Zentimeter Durchmesser) – aufnehmen, um sie mit Schwung, aber möglichst flach, auf die Straße aufzusetzen und weit ausrollen zu lassen.

Bei den Wettkämpfen treten in der Regel mindestens fünf Werfer pro Mannschaft gegeneinander an; jeder Mitspieler hat zehn Würfe.

Der Boßelsport verbindet das Oldenburger Land und Ostfriesland. Hier ein Motiv aus dem „Boßelstammland" Ostfriesland.

Eine klassisch gedrechselte Boßelkugel aus Holz.

Typische sportgerechte Wurfbewegung.

Mit Argusaugen wird die erreichte Weite nach dem Ausrollen der Kugel beobachtet und gemessen. „Traumweiten" von über 400 Meter sind bei dieser Sportart, die die Teilnehmer manchmal bis zu 10 Kilometer durchs Land treibt, keine Seltenheit. Gewonnen hat die Mannschaft, die mit den wenigsten „Shots" (Würfen) die meisten geworfenen Meter vorweisen kann.

Besucher des Oldenburger Landes und „Zugereiste" sollten also diese „Freiluft-Kegelwettkämpfe" durchaus als ernste, aber auch mit Spaß verbundene regionale sportliche Besonderheit entsprechend akzeptieren. Auch die während des Spiels gebräuchliche, derbe platt-

deutsche Ausdrucksweise bei Zurufen gehört einfach dazu. Man muss schon genau hinhören, wenn es heißt „Liek ut Hand", „Het up an", „He loppt noch", „Hoog herut", „Driev up" oder „Laat'n lopen"... Das ist plattdeutsch pur!

Die Boßelwettkämpfe ziehen sich oft von Dorf zu Dorf kilometerweit hin.

Sonnenwendfeier Conneforde
Feuer und Flamme für einen alten Brauch

Zum Brauchtum des Oldenburger Landes, das intensiv gepflegt und gelebt wird, gehören auch die Sonnenwendfeiern. Im Ortsteil Conneforde der Gemeinde Wiefelstede rollt seit 1920 jeweils im Juni, zur Zeit der Sonnenwende, das brennende „Sünnrad" in das Tal der Wapel.

Der vom Heimatverein Conneforde organisierte Festtag beginnt stets mit einem Sonnenwend-Volkstanzfest in Wiefelstede-Spohle, an dem Volkstanzgruppen aus verschiedenen Teilen des Oldenburger Landes teilnehmen. Anschließend geht es gemeinsam nach Conneforde zum musikalischen Stelldichein auf einer in der Nähe des Festplatzes liegenden Bauerei (Bauernhof). Nach Einbruch der Dämmerung werden die Mitwirkenden und die Besucher mit einem Fa-

ckelzug zum „Heinenbarg" (Heinenberg) geführt, wo der eigentliche Festakt zur Sonnenwende beginnt.

Wenn dann das Sonnenwendfeuer aufflammt und die Eröffnungsmelodien verklungen sind, steht für die „Ehepaar Danzkoppel Conneforde" der traditionelle „Sünnros", der Tanz der „Sonnenrose", auf dem Programm. Eine Besonderheit des Festes ist die von berufenen

Zum Eröffnungsprogramm gehören lodernde Flammen und der traditionelle „Sünnros"-Tanz.

"Gastrednern" aus dem Oldenburger Land in Plattdeutsch gehaltene "Feuerrede", in der immer wieder daran erinnert wird, das Brauchtum des Oldenburger Landes nicht zu vernachlässigen, sondern zu bewahren. Zweifellos einzigartig ist danach das Schauspiel des rollenden Feuerrades, das die Conneforder Sonnenwendfeier zu einem unvergesslichen Erlebnis macht.

Der Volksfestcharakter war hier von Anfang an gegeben. Als Studenten des Vareler Lehrerseminars diesen Jahrtausende alten Brauch als Sieg über das Dunkel im Jahre 1920 gemeinsam mit dem Heimatverein Varel in Conneforde aufleben ließen, stieß man auf begeisterte Zustimmung. Bauern, Handwerker, Bürger und vor allem die junge Generation aus dem Ammerland und aus Friesland waren buchstäblich Feuer und Flamme für diesen Brauch. Nach der politisch- und kriegsbedingten Pause setzte der Heimatverein Conneforde ab 1950 die Tradition der Sonnenwendfeier wieder fort.

Das ganze Dorf ist mit dabei.

So rollt und rollt im Oldenburger Land jedes Jahr im Juni das Conneforder "Sünnrad" den "Heinenbarg" hinab ins Wapeltal ...

Der Höhepunkt: Nach Einbruch der Dunkelheit rollt das brennende „Sünnrad" ins Wapeltal.

Erntefest in Westerscheps
Grode ammersche Arntefier

Das Erntedankfest hat überall in Deutschland Tradition. Von Region zu Region haben jedoch die entsprechenden Brauchtumsveranstaltungen ihre eigene Note. Im Oldenburger Land stehen im Zusammenhang mit den Erntefeiern vor allem die Festumzüge im Vordergrund. Sie werden nicht nur von aktiven, landwirtschaftlich orientierten Vereinen, sondern auch von interessierten Bürgern eines Ortes mitgetragen und organisiert.

Weit über die Grenzen des Oldenburger Landes hinaus gilt die „Grode ammersche Arntefier" in Edewecht-Westerscheps als die größte Veranstaltung ihrer Art im gesamten Unterelbe-Weser-Ems-Gebiet. Jeweils am zweiten Wochenende im September gibt der Westerschepser Heimatverein „Vergnögde Goodheit" grünes Licht für ein dreitägiges Erntefest.

Eröffnet wird die seit 1949 vom Heimatverein organisierte „Arntefier" jeweils Freitagabend im geschmückten Festzelt mit einem zünftigen plattdeutschen Theaterstück; anschließend sind rockige Tanzmelodien angesagt. Im Festprogramm des nachfolgenden Tages gibt es den Höker-, Bauern- und Trödelmarkt, die Präsentation von altertümlichen Maschinen, den Spielzeug-Flohmarkt und die Kinderspiele, die Konzerte von Dorfkapellen, den Auftritt der Volkstanzgruppe des Heimatvereins und den stimmungsvollen Tanzabend im Festzelt.

Doch am Sonntag hat der kilometerlange Festumzug absolute „Vorfahrt". Nach dem plattdeutschen Gottesdienst ziehen bis zu 150 farbenfrohe Gruppen und liebevoll gestaltete Themenwagen über die von tausenden fröhlichen Besuchern gesäumten Straßen zum Festplatz, wo als Höhepunkt des Festes die große Erntekrone von kräftigen „Mannslü" hochgezogen wird.

Mitglieder des Westerschepser Heimatvereins „Vergnögde Goodheit" auf einem Festwagen.

Der Spaßfaktor im Festumzug: Eine exotisch anmutende Gruppe.

Die Jungs und Deerns, die schon im Jahre 1919, in der tristen Nachkriegszeit auf die Idee kamen, mit Tänzen und Liedern den Dorfbewohnern in Westerscheps Freude zu bereiten, konnten damals noch nicht ahnen, dass sich die „Grode ammersche Arntefier" zu einer nicht nur für das Oldenburger Land, sondern weit darüber hinaus bedeutenden Brauchtumsveranstaltung entwickeln würde.

Doch, die „Grode ammersche Arntefier" muss man einfach (mit)erlebt haben!

Wichtigstes Objekt: Die Erntekrone.

Etliche Musikgruppen sorgen im Festumzug für Schwung.

Grünkohl
Die Oldenburger Palme

Mag die Geschichte des Oldenburger Landes noch so interessant sein: Wenn jeweils im November das Stichwort „Grünkohl" fällt, dann geht es von der Nordsee bis tief ins südliche Binnenland um eines der wichtigsten traditionellen Ereignisse. Selbst in der Advents- und Weihnachtszeit behauptet sich der Grünkohl, hierzulande sinnigerweise als „Oldenburger Palme" bezeichnet, uneingeschränkt.

Dabei geht es aber nicht nur um geschmackvolles Essen. Echte Grünkohlfans gehen mit dem Bollerwagen und entsprechender „Ladung" bei Wind und Wetter auf fröhliche „Kohltour" oder treffen sich mit Freunden zum gemeinsamen, urgemütlichen Grünkohlessen – ein im Oldenburger Land durchaus gesellschaftlich wichtiger Faktor.

War Oldenburg in früheren Zeiten stolz darauf, die Residenz von Grafen, Herzögen und Großherzögen zu sein, so gilt die Stadt heute als hoch geachtete Kohlresidenz. Und das mit Recht, denn etliche Staatsoberhäupter und Persönlichkeiten des öffentlichen Lebens drängen förmlich danach, „Oldenburger Grünkohlkönig" zu werden und sei es nur für ein Jahr. Immer-

hin hat Oldenburg bereits über 50 „Grünkohlkönige" krönen können. Zu den gekrönten Häuptern zählen unter anderem Bundeskanzler Helmut Schmidt (1978), Bundesaußenminister Dietrich Genscher (1985), CDU-Bundesvorsitzende Angela Merkel (2001), Bundesministerin für Bildung und Forschung Dr. Annette Schavan (2009) und Bundeswirtschaftsminister Dr. Philipp Rösler (2011). Die „Krönung" erfolgt allerdings nicht in der Kohlresidenz Oldenburg, sondern jeweils zum Jahresanfang in der

Da bekommt man Appetit: Zur zünftigen Grünkohlmahlzeit gehören verlockende Zutaten.

Das ist sie: Die „Oldenburger Palme" mit schmackhaften vollen „Blättern".

Bundeshauptstadt Berlin beziehungsweise früher in Bonn.

Damit steht für die Oldenburger unumstritten fest, dass der Grünkohl auch bundespolitisch eine nicht geringe Rolle spielt.

Was sich so simpel darstellt, ist für wahre Grünkohlanhänger in der Tat eine Wissenschaft für sich. Denn der echte Oldenburger Grünkohl braucht den ersten Frost, um seinen einzigartigen Wohlgeschmack zu bekommen. Zu einer „sturmfesten" Grünkohlmahlzeit gehören je nach Region und Geschmacksrichtung Pinkel (die typische Grünkohlwurst), Bauchfleisch, Kasseler, Kochwurst, Würfelspeck, Schweineschmalz und/oder Gersten-/Hafergrütze sowie Kartoffeln und delikate Gewürze. Als „Zugaben" können ein (heimisches) Bier und ein Köm (Korn) nicht schaden. Das bestätigt selbst die Oldenburger „Grünkohl-Akademie"...

Guten Appetit!

„Staatsakt" in Berlin: Ernennung der „Grünkohlkönigin 2009" durch Oldenburgs Oberbürgermeister.

Smoortaal, Löffeltrunk, Heet un Sööt
„Gourmet-Teller" mit Zeremonie

Nicht nur der Grünkohl zählt zu den typisch kulinarischen Genüssen im Oldenburger Land. Auch ein beliebter Fisch, der Aal, gehört auf den Oldenburger „Gourmet-Teller". Im Ammerland, insbesondere in Bad Zwischenahn, hat der „Ammerländer Smoortaal" für Kenner und solche, die es gerne werden wollen, einen hohen Stellenwert. Dabei kommt es vor allem auf das spezielle Räuchern an – bei mancher Aalräucherei in der Tat (fast) ein Geheimnis.

Im berühmten Zwischenahner „Spieker" gleicht das traditionelle Aalessen mehr oder weniger einer Zeremonie, die von den Gästen aus nah und fern gerne angenommen wird, auch wenn sie „mitarbeiten" müssen. Denn der Aal wird sozusagen komplett serviert. Dann heißt es den langen Fisch in die Hand nehmen, den Kopf abknicken, die Haut abziehen und herzhaft in die Fischbreitseite beißen. Es soll Mitmenschen geben, die zunächst bei der „Handarbeit" zö-

Schon seit geraumter Zeit Tradition im Ammerland: Der „Löffeltrunk" nach dem „Smoortaal".

„So wird's gemacht! Ganz einfach ...".

Frisch aus dem Räucherofen: Goldbraune Delikatessen.

Bekannt ist auch „Heet un Sööt", ein leichtes mit Zucker gesüßtes Weißbier, das mit einem Schuss Korn „verfeinert" und heiß serviert wird. Der Nichtoldenburger mag vielleicht den Kopf schütteln, aber in früherer Zeit war das „Feierabendbier" im ländlichen Bereich buchstäblich heiß begehrt, vor allem in gemütlicher Runde am offenen Kaminfeuer.

„Gourmet-Teller": Smoortaal und Schwarzbrot.

Der Ammerländer „Smoortaal" schmeckte schon immer.

gern. Aber die besondere Atmosphäre (ver)führt schnell dazu, dass man je nach Größe der Mahlzeit schon den nächsten Aal im Blick hat. Der obligatorische Korn wird zunächst nur zum Reinigen der Hände gereicht ...

Doch es gibt zur Verarbeitung des kalorienreichen Aales einen zeremoniengleichen Abschluss mit dem „Ammerländer Löffeltrunk". Ein Zinnlöffel wird mit der linken Faust gehalten und mit einem guten Weizenkorn gefüllt. Dazu gehört der traditionelle Trinkspruch: „Ick seh di" (Gastgeber), „Dat freit mi" (Gäste), „Ick sup di to" (Gastgeber), „Dat do" (Gäste). Dann erst heißt es gemeinsam „Prost" und der Gastgeber gibt sich zufrieden mit den Worten „Ick heb di tosapen", worauf die Gäste vermelden „Hest`n Rechten drapen". Allerdings ist damit die „Ammerland-Prüfung" noch nicht bestanden, denn erst, wenn beim abgelegten, umgedrehten Zinnlöffel kein nasser Fleck auf der Serviette zu erkennen ist, steht fest, dass der Gast den Trunk restlos „vernichtet" hat. Sonst – so verlangt es der Brauch – wird ein zweites Mal eingeschenkt, zumeist jedoch widerstandslos ...

Von der Grafschaft zum Großherzogtum Oldenburg
Aus der Geschichte des Oldenburger Landes

Die Geschichte des Hauses Oldenburg dokumentiert von den Anfängen im 12. Jahrhundert bis heute ungewöhnlich abwechslungsreiche Zeitabläufe voller Höhen und Tiefen, überraschende politische Entwicklungen und interessante höfische Bindungen quer durch halb Europa, aber auch kriegerische Handlungen und Intrigen. Auf ihre Art ist diese Geschichte auf jeden Fall einzigartig.

Der Ursprung der Grafschaft Oldenburg geht wahrscheinlich zurück auf die im Jahre 1108 erstmalig erwähnte Siedlung Oldenburg, demnach auf die Erstbezeichnung „Aldenburg" (für „de olle Burg") oder auch „Omersburg" (Burg im Ammerland). Bereits Ende des 11. Jahrhunderts hatte an diesem Ort Graf Egilmar I. an einer günstigen Huntefurt eine Veste zur Sicherung des Handelsweges von Friesland nach Bremen errichtet. Offensichtlich hat er damit die Entwicklung des Hauses Oldenburg begründet. Relativ schnell verstanden es die Oldenburger Grafen ihre Herrschaft zwischen der Nordsee und dem unteren Huntegebiet auszubauen.

Erbschaften, geschickte politische Bindungen und die übliche „Heiratsdiplomatie" sowie diverse militärische Auseinandersetzungen verhalfen dem Hause Oldenburg zu immer größerer Bedeutung, die allerdings auch mit Machtverschiebungen verbunden war. Dies führte dazu, dass die Residenz Oldenburg nicht immer Mittelpunkt des politischen Geschehens sein konnte. Mit der Heirat von Graf Dietrich von Oldenburg Anfang des 15. Jahrhunderts verschob sich das Machtgefüge zeitweilig zu den Herzogtümern Schleswig und Holstein.

Als stärkste geschichtliche Figur unter den Oldenburger Herrschern gilt Graf Anton Günther von Oldenburg und Delmenhorst. Er führte innerhalb des Heiligen Römischen Reiches Deutscher Nation das Haus Oldenburg als Landesherr und Reichsgraf von Oldenburg (1603-1667) und von Delmenhorst (1647-1667) recht absolutistisch und genießt bis heute hohes Ansehen und Verehrung.

Unter seiner Herrschaft erlebte das Haus Oldenburg, zu der Zeit mit der Grafschaft Delmenhorst und der Herrschaft Jever,

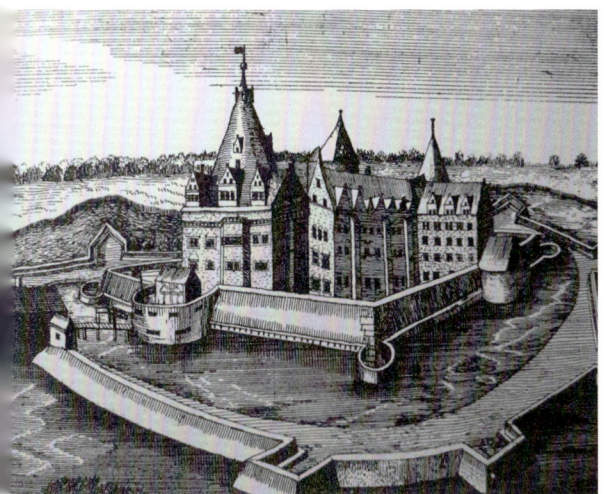

Das ehemalige Schloss Delmenhorst (Winkelmann-Chronik 1671).

Frontansicht des Schlosses Oldenburg (17./19. Jahrhundert).

einen relativ stabilen Zeitabschnitt. Der von ihm ab 1612 eingeführte und 1622 legitimierte „Elsflether Weserzoll" brachte Oldenburg bis 1803 viele Reichsthaler in die Kasse, aber auch immer wieder heftigen Disput mit der Hansestadt Bremen, ein.

Mit dem Tod Graf Anton Günthers – er starb 1667 im Alter von 83 Jahren – endete zunächst eine erfolgreiche Zeit des selbstbewussten Hauses Oldenburg.

Erst Ende des 18. Jahrhunderts betrieb Oldenburg unter Friedrich August von Holstein-Gottorp wieder eine souveräne Politik in der Staatsform eines Herzogtums, und Oldenburg wurde erneut Residenzstadt. Anfang des 19. Jahrhunderts kamen die Gebiete Wildeshausen, Cloppenburg und Vechta hinzu. Nach der erfolgten Erhebung zum Großherzogtum im Jahre 1815 folgten mit dem Fürstentum Birkenfeld (Nahe), mit der Rückgabe der Herrschaft Jever (Freigabe durch den russischen Zaren) und der Herrschaft In- und Kniphausen weitere Bereiche. Damit hatte das Haus Oldenburg eine territoriale Bedeutung und Ausdehnung erreicht, von der Graf Anton Günther seinerzeit nur träumen konnte. Es mischte bis 1918, bis zum Thronverzicht von Großherzog Friedrich August II. von Oldenburg, in deutschen Landen politisch und militärisch kräftig mit.

Betrachtet man die über 800-jährige Geschichte des Hauses Oldenburg näher, rückt die unglaubliche Bedeutung Oldenburgs in den Fokus. Die verschiedenen Familienzweige haben nicht nur in Deutschland, Dänemark, Norwegen, Schweden und im zaristischen Russland ihre Spuren hinterlassen. Selbst in heutiger Zeit sind noch prominente Nachfahren des Hauses Oldenburg im Gespräch: Prinz Philip (Duke of Edinburgh und Gemahl der britischen Königin Elisabeth II.), Sophia (Königin von Spanien), Konstantin (Ex-König von Griechenland) und die Königshäuser in Dänemark und Norwegen. Kein Zweifel, das Haus Oldenburg, das bis heute existiert, ist nach wie vor „europafähig" ...

Ehemalige Sommerresidenz Schloss Rastede (1643/1757).

Friesendenkmal Westerstede
„Ob dat de Fresen de Bammel slage!"

Es fällt kaum auf, das so genannte „Friesendenkmal". Seit 1912 steht es an einem heute gern als (Rad-)Wanderweg genutzten Durchgangsweg, südlich des Ortszentrums der Ammerländer Kreisstadt Westerstede. Dicke Felssteine und eine Art Obelisk mit einer Gedenktafel und dem Hinweis auf eine gewonnene Schlacht sagen dem Betrachter auf den ersten Blick nicht viel. Aber für das Oldenburger Land hat das Denkmal eine herausragende historische Bedeutung. Denn es erinnert daran, dass hier eine entscheidende Schlacht gegen die seinerzeit feindlichen Ostfriesen und Friesen gewonnen wurde. Das erklärt sicher die hier und da immer noch vorhandene – wenn auch eigentlich nicht ernstzunehmende – Aversion gegen „die Ostfriesen". Doch das Denkmal ist auch eine Stätte der Versöhnung.

In der Grafschaft Oldenburg herrschten im 15. Jahrhundert, insbesondere unter Graf Gerhard IV. von Oldenburg, immer wieder chaotische Zustände. Denn die Oldenburger waren stets damit beschäftigt, ihre Ländereien und ihre erstarkende Dynastie zu verteidigen oder selbst „notwendige" Kriegshandlungen anzuzetteln. Faustrecht und Fehden sowie Raub- und Rachefeldzüge waren vor allem in den Randbereichen der Oldenburger Grafschaft die

Heute ein friedliches Fleckchen Erde. Der „Möhlenbült" (seit 1876) in der Nähe des „Friesendenkmals".

Das „Friesendenkmal", errichtet 1912, erinnert an den Sieg über die (Ost-)Friesen (1457).

Folge, so auch im Ammerland. Denn die Ostfriesen zogen ebenfalls plündernd und brandschatzend durch die Lande, um dem Oldenburger Herrenhaus vermeintliche Grenzen aufzuzeigen. Bereits im Jahre 1425 waren die Ostfriesen ins Ammerland eingefallen. Gut 20 Jahre später zerstörten sie den Westersteder Nachbarort Apen. Graf Gerhard IV. von Oldenburg schlug zurück und brannte Orte in Ostfriesland nieder.

Doch ein Friesenheer unter Häuptling Edo Boyungs von Gödens nutzte 1457 die Abwesenheit von Graf Gerhard IV. von Oldenburg um erneut im Ammerland einzumarschieren. Es wurden das Kirchdorf Westerstede und etliche umliegende Dörfer und Bauernschaften geplündert und in Brand gesetzt. Doch die Wut über die Ostfriesen und Friesen gab den Bauern – unterstützt von Oldenburger Schützen – ungeahnte Kräfte. Südlich des Kirchdorfes Westerstede kam es zur Entscheidungsschlacht. Viele (Ost-)Friesen wurden erschlagen oder als Gefangene nach Oldenburg gebracht; nur wenige entkamen. Wenige Jahre später (1462) ließ

Graf Gerhard IV. von Oldenburg nördlich von Westerstede als Grenzfestung gegen die Ostfriesen und Friesen die Burg bzw. das Schloss Neuenburg errichten. Sein berühmter Ausspruch bei der Grundsteinlegung: „Ob dat de Fresen de Bammel slage"!

Ein Heerweg wurde den (Ost-)Friesen zum Verhängnis.

Maria von Jever
Herrscherin über das Jeverland

Keine historische Frauengestalt des Oldenburger Landes ist so bekannt und von sagenhaften Erzählungen berührt wie Maria von Jever, im Jeverland als „Fräulein Maria" bezeichnet. In der Tat hat Maria von Jever, geboren am 5. September 1505, als drittes Kind des Häuptlings Edo Wiemken des Jüngeren, bemerkenswertes für die Herrschaft Jever geleistet. Ohne ihre Tatkraft und ihr Durchsetzungsvermögen wäre das Jeverland im 16. Jahrhundert an Ostfriesland gefallen.

Nach dem Tod von Vater, Mutter und Bruder, der eigentlich die Aufgaben des Häuptlings des Jeverlandes hätte übernehmen sollen, änderte sich ihr Leben bereits in jungen Jahren dramatisch. Als Erbfräulein stand sie zunächst machtlos da, denn ostfriesische Grafen besetzten 1527 gegen den Willen von Maria, die sich schweren Demütigungen ausgesetzt sah, die Burg Jever. Aber das Blatt wendete sich bald und sie erhielt Unterstützung durch einen ostfriesischen Drosten und später von Kaiser Karl V.. Er nahm das Jeverland in Besitz und übergab es Maria als Lehen. Die neue Situation wusste Maria zu nutzen: Sie beendete die Reichsunmittelbarkeit, verlieh dem Ort Jever 1536 die Stadtrechte, befestigte die Stadt mit Wällen und Gräben (Graften) und ließ die Burg Jever zum repräsentativen Schloss um- und ausbauen. In der Residenzstadt Jever entwickelte sich nun ein repräsentatives höfisches Leben.

Im Schloss Jever: Der Audienzsaal mit der berühmten Kassettendecke (1560-1564) – eine der großartigsten in Deutschland.

Das Schlossmuseum (seit 1921) zeigt bedeutende historische Sammlungen.

Im Park: Das Schloss mit barocker Zwiebelhaube auf dem Bergfried.

Geschickt vergrößerte sie unter anderem durch erfolgreiche Eindeichungen ihren Herrschaftsbereich. Sie stärkte das jeversche Landrecht, das die Todesstrafe festschrieb. Gleichzeitig brachte sie den Handel in Schwung und förderte tatkräftig Kultur und Bildung. Alle Regierungsaktivitäten der Herrscherin Maria waren jetzt auf den Erhalt und den Ausbau des jeverschen Territoriums ausgerichtet.

In der zu einer Grabkapelle umgebauten Stadtkirche ließ sie 1556 für ihren Vater das gewaltige, heute noch erhaltene Wiemken-Renaissance-Grabmal errichten.

Ihr Tod am 20. Februar 1575 wurde, da das Geschlecht Wiemken keine Nachfolger hatte und man ostfriesische Angriffe befürchtete, zunächst geheim gehalten. So entstand unter anderem die Sage, dass Maria von Jever durch unterirdische Geheimgänge verschwunden sei, aber bald wieder auftauchen werde. Seitdem erklingt, um ihr den Heimweg zu erleichtern, bis heute jeden Abend das Geläut des Schlossturmes, das so genannte Marienläuten.

Bildnis der Regentin „Fräulein Maria" (1532-1575, geb. 1505).

Helene Lange
Symbolfigur der Frauenbewegung in Deutschland

Zur Geschichte des Oldenburger Landes gehören verdienstvolle Persönlichkeiten, die auf ihre Art Maßstäbe gesetzt haben. Helene Lange, Pädagogin und Frauenrechtlerin, hat die Entwicklung der Frauenbewegung in Deutschland maßgeblich beeinflusst und zu gravierenden gesellschaftlichen und sozialen Veränderungen beigetragen. Sie gilt als Symbolfigur dieser Bewegung und findet noch heute in der Fachliteratur als beispielhafte Pädagogin Beachtung.

Am 9. April 1848 wurde Helene Lange als Tochter einer Kaufmannsfamilie in Oldenburg geboren. Schon in jungen Jahren zeigte sich ihr Durchsetzungsvermögen, denn sie begann im Alter von 22 Jahren mit einem intensiven Selbststudium der Literatur- und Religionsgeschichte, der Geschichtswissenschaft, Philosophie und der alten Sprachen, nachdem ihr eine Lehrerinnenausbildung zunächst verwehrt worden war. 1871 zog sie nach Berlin, um sich auf das Lehrerinnenexamen vorzubereiten.

Nach Abschluss des Examens im Jahre 1872 begann für Helene Lange die „kämpferische" Zeit. Sie engagierte sich für die Emanzipation von Mädchen und Frauen durch Bildung, trat dem „Verein deutscher Lehrerinnen und Erzieherinnen" bei, unterrichtete auf höheren Mädchenschulen und richtete gemeinsam mit anderen Frauen eine Petition unter anderem an das preußische Abgeordnetenhaus, in der ein größerer Einfluss der Lehrerinnen in den öffentlichen Mädchenschulen und eine wissen-

Elternhaus in Oldenburg, Achternstraße 2, um 1900 (abgebrochen 1956).

Die Schülerin Helene Lange.

Als Kämpferin um Frauenrechte 1880.

Helene Lange im Sommer 1929.

schaftliche Lehrerinnenausbildung gefordert wurden.

Sie gründete 1890 den „Allgemeinen Deutschen Lehrerinnenverband" (ADLV), gehörte ab 1894 dem Vorstand des neu gegründeten „Bund Deutscher Frauenvereine" an und richtete in Deutschland mehrere Gymnasien ein, auf denen Mädchen und Jungen gleiche Chancen hatten. Einen besonderen Erfolg konnte sie verbuchen, als sie zu Beratungen der preußischen Kultusverwaltung herangezogen wurde, die 1908 zur preußischen Mädchenschulreform führten. Die Ehrendoktorwürde für Staatswissenschaften der Universität Tübingen (1923), die Auszeichnung mit der preußischen Staatsmedaille „Für Verdienste um den Staat" (1928) und die Verleihung der Ehrenbürgerschaft der Stadt Oldenburg bedeuteten für Helene Lange die Krönung ihrer Bemühungen um die Gleichberechtigung von Mädchen und Frauen im Ausbildungs- und Berufswesen. Sie starb am 13. Mai 1930 in Berlin. Zahlreiche Schulen überall in Deutschland tragen den Namen „Helene Lange".

Grabmahl von Helene Lange auf dem Westfriedhof in Berlin um 1935.

Erna Schlüter

Karriere einer hochdramatischen Sopranistin

Besonders im 20. Jahrhundert haben weltweit bekannte Primadonnen die klassische Musikkultur geprägt. Dazu gehört zweifellos auch die Sopranistin Erna Schlüter. Geboren am 5. Februar 1904 in Oldenburg, wurde ihr bereits in jungen Jahren die Chance geboten, die von der Oldenburger Mezzosopranistin Cilla Tolli eingerichtete Gesangsschule zu besuchen. Das war die entscheidende Weichenstellung für eine hochtalentierte junge Frau.

Mit 18 Jahren (1922) wurde sie als Altistin in das Ensemble des Oldenburger Landestheaters (heute Staatstheater) aufgenommen. Ihr Debüt in Mozarts Oper „Die Zauberflöte", die erste Fachpartie in Verdis Oper „Der Troubadour" und ihre Rolle in Glucks Barockoper „Orpheus und Eurydike" machten sie schnell bekannt.

Löwengleich: ihre sprunghafte Karriere.

Schon zwei Jahre später wechselte sie an das Nationaltheater Mannheim, wo sie viel Beifall und Anerkennung für ihre brillanten Arien in Opern von Camille Saint Saëns, Richard Strauss, Pietro Mascagni und Richard Wagner erntete.

Zwischen 1930 und 1940 gehörte sie als hochdramatische Sopranistin zum Ensemble der Städtischen Bühnen Düsseldorf und wurde hier zur Kammersängerin ernannt. Konzerte mit dem Berliner Philharmonischen Orchester unter Wilhelm Furtwängler und Rundfunkaufnahmen in Stuttgart waren für sie in den

Erna Schlüter als selbstbewusste junge Frau.

Zählt zu den unvergesslichen Auftritten: Erna Schlüter in „Elektra" von Richard Strauss.

30er Jahren wichtige Zwischenstationen, wie auch Gastspiele in Frankfurt/Main, Danzig und Barcelona.

Mit dem Opernhaus in Hamburg war Erna Schlüter von 1940 bis zum Ende ihrer Sängerinnenlaufbahn im Jahre 1956 durch ein festes Engagement eng verbunden. Während dieser Zeit nahm sie aber auch immer wieder Gastspiele wahr, so beispielsweise am Maggio Musicale Florenz (1941), an der Mailänder Scala (1942) und an der Wiener Staatsoper (1943). Ihr Wirken an der Metropolitan Opera New York (1947) war allerdings nur von kurzer Dauer. Doch in der Berliner Staatsoper (1947), bei den Salzburger Festspielen (1948) und in der English National Opera London (1947 und 1953) feierte sie wahre Triumphe.

Am 1. Dezember 1969 starb Erna Schlüter in Hamburg und wurde in Oldenburg auf dem Gertrudenfriedhof beigesetzt. Bronzetafeln auf dem Grab und an ihrem Oldenburger Geburtshaus erinnern an die großartige Sängerin. Die Oldenburger Erna-Schlüter-Gesellschaft pflegt ihr Vermächtnis.

Bei den „Salzburger Festspielen" in „Fidelio" 1948.

Ludwig Münstermann
Bildhauer und sensibler Künstler

Mit der kirchlichen Geschichte der Grafschaft Oldenburg, die vor allem im nördlichen Teil weitestgehend protestantisch war, ist auch das Wirken des Bildhauers Ludwig Münstermann (1575-1638) verbunden. In etlichen Kirchen, beispielsweise in der Wesermarsch, aber auch in Varel und im Wangerland, trifft man auf seine Meisterwerke. Geboren in Bremen und aufgewachsen in Hamburg, wurde er 1599 in das Hamburger Amt der Drechsler aufgenommen.

Schwerpunkte seiner Tätigkeit bildeten sakrale Werke zunächst aus Sandstein oder Alabaster, ab 1620 ausschließlich aus verschiedenen Hölzern, die heute noch als kostbare Kanzeln, Altäre, Taufbecken und Epitaphen in alten, prächtig ausgestatteten Kirchen bewundert werden können. Eine der wenigen bekannten Steinmetzarbeiten Münstermanns an profanen Bauten sind an Sandsteinwerkteilen der Oldenburger Schlossfassade zu erkennen, an der er im Zeitraum von 1607 bis 1612 unter Graf Anton Günther als Steinbildhauer beteiligt war.

Eines der prägendsten Meisterwerke von Ludwig Münstermann: Der Altar (1629) – hier das Mittelteil – in der St. Mathäus-Kirche Stadland-Rodenkirchen.

Sehenswert und wertvoll: Altar, Kanzel und Taufbecken (1613-1618) in der Schlosskirche Varel.

Die für Kirchen des Oldenburger Landes bestimmten Werke stammen zumeist aus seiner Hamburger Werkstatt, nur in besonderen Fällen hat er selbst „vor Ort" gearbeitet. Die Aufträge für die Innenausstattung von Kirchen erreichten Münstermann ausgerechnet zur Zeit des Dreißigjährigen Krieges. An Hunte und Unterweser sowie im Bereich des Jadebusens herrschte Frieden und Münstermann nutzte die Chance, um sich hier mit den für ihn typischen, zwischen der Renaissance und Barock angesiedelten manieristischen Werken, entfalten zu können. Sowohl der eigenwillige Figurenstil als auch der architektonische Aufbau der Altäre und die Gestaltung von Kanzeln, Taufbecken und Epitaphen spiegeln die unverwechselbaren Arbeitsmerkmale und vor allem den Detailreichtum Münstermanns wider. Prägende Beispiele für sein Wirken sind in der Schlosskirche in Varel, in der Kirche in Wangerland-Hohenkirchen, in der Lamberti-Kirche in Butjadingen-

Eckwarden, in der Bartholomäuskirche in Butjadingen-Tossens, in der St. Hippolyt-Kirche in Blexen und vor allem in der St. Matthäus-Kirche in Stadland-Rodenkirchen zu sehen.

Kanzel (1631) in der St. Mathäus-Kirche in Stadland-Rodenkirchen.

Clemens August Kardinal von Galen
Der „Löwe von Münster"

Zu den herausragenden Persönlichkeiten, deren Wurzeln im Oldenburger Land liegen und die Zeit ihres Lebens unvergessliche Akzente gesetzt haben, zählt vor allem Clemens August Graf von Galen. Am 16. März 1878, auf der im Oldenburger Münsterland gelegenen Burg Dinklage geboren, wirkte er von 1904 bis zu seinem Tod im Jahre 1946 als ideenreicher, aber oft auch unbequemer katholischer Geistlicher und ging als „Löwe von Münster" in die Geschichte ein.

Bereits früh kam von Galen mit dem katholischen Glauben in Kontakt, denn die schulische Ausbildung erhielt er unter anderem in einem von Jesuiten geführten Internat. Ein für ihn wohl sehr emotionales Erlebnis formte seinen Lebensweg: Eine Privataudienz bei Papst Leo XIII. in Rom. Die weiteren Stationen führten ihn, trotz politischer und gesellschaftlicher Umbrüche, gradlinig vom Studium der Theologie, von der Aufnahme in das Priesterseminar in Münster und zur Einführung als Pfarrer (in Berlin) bis zur Ernennung zum Bischof von Münster und schließlich zum Kardinal durch Papst Pius XII. (1946).

Obwohl er zunächst einige politische Entwicklungen erstaunlich zurückhaltend bewer-

Ein triumphaler Empfang wurde Bischof Clemens August Graf von Galen im März 1946 in Münster bereitet.

Als Kaplan gradlinig.

Ein standhafter Bischof auf Firmreisen.

tete, bezog von Galen als Bischof eindeutig Front gegen die Ideologien der nationalsozialistischen Reichsregierung und prangerte in Hirtenbriefen „Götzendienst ... Abgötterei und Rückfall in die Nacht des Heidentums" an. Auch in seinen Predigten äußerte er sich zunehmend kritisch über die politische und ideologische Entwicklung in Deutschland. Sonderdrucke, beispielsweise die Enzyklika „Mit großer Sorge" von Papst Pius XI., die er verbreiten ließ, wurden prompt beschlagnahmt. Bekannt wurden vor allem seine im Jahre 1941 in Münster gehaltenen Grundsatzpredigten. Diese Texte waren „unter der Hand" heiß begehrt. Sie trugen allerdings dazu bei, dass in Berlin erwogen wurde, Bischof von Galen zu verhaften und zum Tode durch den Strang zu verurteilen.

Seine unnachgiebige Haltung erfuhr nach Kriegsende eine hohe Würdigung: Am 18. Februar 1946 wurde er von Papst Pius XII. in das Kardinalskollegium aufgenommen und die Stadt Münster ernannte ihn zum Ehrenbürger. Doch am 22. März starb Clemens August Kardinal von Galen und erhielt in der Ludgerus-Kapelle des Domes St. Paul in Münster seine Grabstätte. Am 9. Oktober 2005 wurde er durch Papst Benedikt XVI. selig gesprochen. Eine Fingerreliquie von Galens befindet sich in der Krypta der St.-Marien-Basilika in Cloppenburg-Bethen, dem Wallfahrtsort des Oldenburger Landes.

In Krisenzeiten (1943) beim Maria-Namen-Fest.

August Hinrichs
Heimatdichter, Schriftsteller und Bühnenautor

Kunst und Kultur hatten und haben im Oldenburger Land seit jeher einen hohen Stellen-wert. Und so hat es immer wieder Persönlichkeiten gegeben, die durch ihr Wirken beson-dere Akzente gesetzt haben. Dazu zählt auch der Heimatdichter und Schriftsteller August Hinrichs (1879-1956). Unvergesslich und nach wie vorher beliebt sind neben den hoch-deutschen Theaterstücken vor allem seine niederdeutschen Stücke. Sie tragen bis heute dazu bei, dass im Oldenburger Land die niederdeutsche Sprache gepflegt wird.

August Hinrichs wurde am 18. April 1879 als Sohn eines Tischlermeisters geboren. Im Grun-de war sein beruflicher Lebensweg vorgegeben: Auch er erlernte das Tischlerhandwerk, wan-derte als Tischlergeselle einige Jahre durch halb Europa, gründete eine Familie und machte sich bereits im Jahre 1906 selbstständig. Doch recht bald entdeckte er auch seine künstlerische Be-gabung und die ersten Romane und Theater-stücke sowohl in Hochdeutsch als auch in Nie-derdeutsch waren recht erfolgreich. Die Bau-ernkomödien „För de Katt" und „Wenn de Hahn kreit" waren der „Renner".

Mit der Zeit setzte sich bei ihm – abgesehen von einer Unterbrechung im Ersten Weltkrieg – das künstlerische Schaffen endgültig durch. Er wurde als „dichtender Tischler- und Hand-werksmeister" so bekannt, dass er 1929 das Tischlern endgültig aufgab und seine künstle-rische Begabung voll zur Geltung brachte.

Eine Szene aus „För de Katt": Aufführung der August Hinrichs Bühne des Oldenburgischen Staatstheaters.

August Hinrichs im Kreise seines Ensembles bei der Uraufführung des Stückes „För de Katt" 1938.

Auch in der kritischen Zeit nach 1933 blieb er seinem typischen Autorenstil treu. Die Stadt Oldenburg hat ihm die Ehrenbürgerschaft verliehen.

Gerne befasste sich August Hinrichs auch mit regionalen Themen, die „vor Ort" geschehen sind. So steht in der Innenstadt der Kreisstadt Cloppenburg ein Denkmal, das einem Schwein namens „Jolanthe" gewidmet ist und an eine Begebenheit erinnert, die sich 1920 tatsächlich zugetragen hat. Und auch die im 13. Jahrhundert erfolgte Unterwerfung der „Stedinger", die durch die „Schlacht von Altenesch" (1234) in die Geschichte des Oldenburger Landes eingegangen ist, hat er als Thema für sein Theaterstück „De Stedinge" aufgegriffen.

August Hinrichs als junger Schriftsteller 1912.

Um 1954: August Hinrichs in den letzten Arbeitsjahren.

53

Horst Janssen
Ausnahmekünstler

Ein Künstler mit recht turbulentem Leben, das war Horst Janssen, 1929 in Hamburg ge-
boren, auf jeden Fall. Seine Werke – Lithografien, Holzschnitte, Illustrationen, Plakatent-
würfe und vor allem seine Zeichnungen und Radierungen – haben Furore gemacht. In Ol-
denburg aufgewachsen, kam er mit 16 Jahren zurück nach Hamburg und begann hier eine
künstlerische Ausbildung auf der Landeskunstschule (1945-1951), wo er unter Alfred Mah-
lau als Musterschüler gefördert wurde. Damit begann für Horst Janssen nach heutigen Be-
griffen eine ungewöhnliche, ja einzigartige Künstlerkarriere.

Es ist müßig, auf alle Lebensstationen Horst Janssens einzugehen, denn seine künstlerische Laufbahn gleicht ebenso wie sein privates Leben einer Achterbahn: 1950 Geburt eines Sohnes, 1953 Verwicklung in einen Mordfall aus Eifersucht, 1955 Heirat und 1956 Geburt einer Tochter. Schon im Alter von 35 Jahren prophezeiten ihm die Ärzte wegen seiner exzessiven Lebensweise das Ende, und sein Ruf als „Rauf- und Saufbold" machte die Runde.

Der Arbeitsplatz des Künstlers als „Tätigkeitsnach-
weis" ...

Mit seinem unglaublichen Fleiß, seinem Ideenreichtum, mit seiner Leidenschaft und der totalen Verausgabung an die Kunst gilt er als einer der bedeutendsten Künstler der zweiten Hälfte des 20. Jahrhunderts. Horst Janssen änderte mehrere Male seine Kunstrichtung. Er arbeitete nicht nur als Maler und Zeichner, sondern verschaffte sich auch als Schriftsteller vielerorts Anerkennung. Seine Werke sind aber auch ein Abbild seiner jeweiligen seelischen Befindlichkeit. Vor allem in den 80er Jahren lotete er im Hinblick auf die politische Weltlage buchstäblich den Wahnsinn aus, zeichnete unentwegt Skelette und ließ den Tod tanzen.

Porträt eines „wilden" Künstlers: Horst Janssen.

Das architektonisch interessante Horst Janssen Museum belebt die Oldenburger Museumslandschaft.

Wie auch immer: Horst Janssens unbändiges Wirken hat Maßstäbe gesetzt. Ausstellungen mit seinen Werken fanden in New York, Chicago, Los Angeles, Tokio, Moskau, Venedig, Rom und in vielen anderen Städten ein positives Echo. Ausgezeichnet wurde er mit dem Schillerpreis in Hamburg, mit der Biermann-Ratjen-Medaille der Stadt Hamburg und mit dem Oldenburg-Preis der Oldenburgischen Landschaft. Die Stadt Oldenburg verlieh ihm 1992 die Ehrenbürgerwürde, und sein Vermächtnis betreut das im Jahre 2000 eröffnete „Horst-Janssen-Museum". Obwohl der Künstler jahrzehntelang in Hamburg gelebt und gewirkt hatte,

Horst Janssen-Exponate regen immer wieder zu Diskussionen an.

wurde er im Jahr 1995, seinem Wunsche entsprechend, auf dem Oldenburger Gertrudenfriedhof beigesetzt.

Blick von einer Galerie in die modern und freundlich gestalteten Museumsräume.

Ein „Arbeitsflügel" aus dem Umfeld von Horst Janssen.

Landesmuseen Oldenburg
Kunst-, Kultur- und Landesgeschichte

Der Sammelleidenschaft von Großherzögen, Kaufleuten und Bürgern ist es zu verdanken, dass sich in Oldenburg eine überraschend vielfältige Museums- und Kulturlandschaft entwickelt hat. Dabei liegt der Schwerpunkt der Sammlungen, die die Kunst- und Kulturgeschichte des Oldenburger Landes dokumentieren, bei den Landesmuseen.

Im Oldenburger Schloss, dem ehemaligen Residenzschloss von Graf Anton Günther, der Herzöge und der Großherzöge von Oldenburg, befindet sich seit 1922 das Landesmuseum für Kunst- und Kulturgeschichte. Die Sammlungen verteilen sich allerdings auch auf zwei weitere Standorte: das gegenüberliegende „Prinzenpalais" und das wenige Meter entfernte „Augusteum". Die großherzoglichen Sammlungen im Schloss bilden zusammen mit der „Galerie der Väter" und der Sammlung des Oldenburger Hofmalers und ersten Galeriemeisters Johann Heinrich Wilhelm Tischbein (1751-1829) den Kernbestand des Landesmuseums. In drei Etagen ist die Dauerausstellung „Kulturgeschichte einer historischen Landschaft" untergebracht. Ausgehend vom Mittelalter wird die Vielfalt der kulturhistorischen Gegebenheiten des Oldenburger Landes bis ins 20. Jahrhundert aufgezeigt.

Das zwischen 1821 und 1826 erbaute „Prinzenpalais" dient als Ausstellungshaus für die Kunst des 19. und 20. Jahrhunderts. Schwerpunkte der Sammlung sind der deutsche Impressionismus und der Expressionismus der „Brücke"-Maler, die in Dangast einige Jahre gewirkt haben.

Das „Augusteum", ein in den Jahren 1865 bis 1867 als erstes Museum der Stadt im Palazzo-

Das Landesmuseum für Kunst- und Kulturgeschichte im Residenzschloss. Hier das (Tischbein-)Idyllenzimmer.

Werke Alter Meister bilden den Grundstock der Sammlungen.

Dauerausstellungen werden durch Sonderschauen ergänzt.

stil errichteter Bau, beherbergt ebenfalls Teile der ehemaligen großherzoglichen Gemäldesammlung, vorzugsweise von italienischen und niederländischen Künstlern (15.-18. Jahrhundert), und europäische Malerei vom Mittelalter bis zur Neuzeit. Weitere herausragende (Wechsel-)Ausstellungen zeigen Malerei und Kunst der Gegenwart.

Die Einrichtung des „Landesmuseums für Natur und Mensch" geht ursprünglich auf eine Idee von Herzog Paul Friedrich August von Oldenburg zurück. Seit 1995 bildet die Dauerausstellung „Die Landschaft Nordwestdeutsch-

lands – Moor, Geest, Marsch" den Schwerpunkt der Darstellungen. Bekannt ist das Museum auch als „Moorleichenmuseum".

Das Landesmuseum für Natur und Mensch.

Die Abteilung „Moore" im Landesmuseum für Natur und Mensch.

Darstellung „Der blanke Hans" zum Thema „Küste und Marsch".

Internationale Musiktage
Eine Rasteder Großveranstaltung

Mehrere überregional bedeutende Theater sowie Sinfonie- und Kammerorchester, Musikvereine, Chöre und Bands der verschiedensten Musikrichtungen halten das Land vom Jadebusen bis zum Dümmer kulturell in Schwung. Eine bedeutende Musikveranstaltung verdient wegen ihrer herausragenden internationalen Beteiligung besondere Aufmerksamkeit: Die alljährlich stattfindenden „Rasteder Musiktage" im Ammerland.

Faszinierend und ein unvergessliches Hör- und Seherlebnis sind jeweils die Abendveranstaltungen.

Es ist schon einzigartig, was jeweils im Juli eines Jahres im ammerländischen Rastede geboten wird. Die „Rasteder Musiktage" sind ein Event der Superlative und der Völkerverständigung pur. Ein farbenfrohes, faszinierendes Bild und ein unvergesslicher Hörgenuss bieten sich den unzähligen Besuchern aus nah und fern, wenn im Laufe der mehrtägigen Musiktage bis zu 3000 Musiker von nicht selten 55 Showbands aus Deutschland, Europa und aus Übersee mit ihren mitreißenden rhythmischen Melodien den Festplatz am Rasteder

Die Darbietungen werden streng bewertet.

Einmarsch der internationalen Musikgruppen.

Asiatisches Flair in Rastede.

Die Anfänge der Rasteder Großveranstaltung gehen auf den guten Kontakt zum Oldenburger Großherzoghaus zurück. In den Jahren 1953 und 1954 brachte der neugegründete Rasteder Musikzug dem damaligen Erbgroßherzog, Nikolaus Friedrich Wilhelm von Oldenburg, die Geburtstagsständchen. Aus diesen Konzerten vor dem aus dem Jahre 1643 stammenden Rasteder Residenzschloss entwickelte sich schließlich der beliebte, alljährlich stattfindende internationale Musiktreff.

Seit 1956 haben die „Rasteder Musiktage", die mittlerweile für sich in Anspruch nehmen können, weltweit eine der größten Veranstaltungen dieser Art zu sein, ihren festen Platz im Terminkalender etlicher internationaler Showbands.

Keine Frage, dass das Rasteder „Drum Corps Blue Lions" mit seinen schmucken Paradeuniformen ebenfalls auf Weltklasse-Niveau eingestellt und bei vielen Musikwettbewerben ganz vorne und „oben" mit dabei ist.

Schloss beleben. Seit 1956 haben die „Rasteder Musiktage" ihren festen Platz im Terminkalender etlicher internationaler Showbands. Bis heute haben sich Gruppen aus 28 Nationen mit über 150.000 Musikern beteiligt, um sich den strengen Wertungsrichtern zu stellen – selbst Musiker aus Thailand waren hier schon zu Gast. Rastede war auch bereits Austragungsort zur Qualifizierung der Weltmeisterschaft der Marching Show Bands.

Die große Abschluss- und Abschiedsveranstaltung zieht tausende Besucher in ihren Bann.

Künstlerdorf Dangast
Nordseebad am Jadebusen

Das ehemalige, am südlichen Ufer des Jadebusens gelegene Fischerdorf Dangast, heute als Nordseebad Dangast ein Stadtteil von Varel, hat es schon immer verstanden, illustre Gäste auf sich aufmerksam zu machen. Schon im Jahre 1804 entstand hier das erste „offizielle" Nordseebad an der heutigen niedersächsischen Nordseeküste und gut 100 Jahre später begann in Dangast eine bis in die Gegenwart zu spürende, lebendige, einzigartige Epoche der Kunstgeschichte. Denn weit über die Küstenregion, über das Oldenburger Land hinaus fungierte Dangast für feinsinnige Künstlernaturen bald als Quelle der künstlerischen Entfaltungsmöglichkeit.

Die herbe Küstenlandschaft lockte und lockt auch heute immer wieder bekannte Künstler nach Dangast, um sich hier inspirieren zu lassen. Zwischen 1907 und 1912 hielten sich unter anderem die „Brücke"-Maler Karl Schmidt-Rottluff, Erich Heckel und Max Pechstein wiederholt in Dangast auf und verhalfen dem Nordseebad zu einem deutschlandweiten Ruf als bedeutendem Ort der Kunstgeschichte, denn Dangast gilt nicht zuletzt auch als „Wiege des deutschen Expressionismus". Ein Künstler war jedoch ganz besonders innig mit Dangast verbunden: Franz Radziwill (1895-1983). Im Radziwill-Haus kann man einen Teil seiner Werke in Dauer- und Sonderausstellungen auf sich wirken lassen.

Berühmt: Skulpturen „Phallus" und „Kaiserstuhl".

Im Abendschein: Frauenfigur „Die Jade", die Wächterin des Watts.

Das „Franz Radziwill-Haus", Wohnhaus und Werkstatt/Atelier des Künstlers.

Dangast ist nach wie vor ein Ort mit einer direkten, unmittelbaren Beziehung zur großen Kunst. Überall begegnet man hier der „Küstenkunst". Da gibt es den „Skulpturenpfad" rund um den Jadebusen, der auf künstlerische Weise die Themen Küstenschutz, Deichbau und Natur veranschaulicht. Der „Dangaster Kunstpfad" erschließt die Originalschauplätze der bildenden Kunst. Über ein Dutzend Schautafeln mit Reproduktionen von Bildern des deutschen Expressionismus erläutern unter anderem das Wirken der Dangaster Künstler.

Einzigartig sind die von verschiedenen Künstlern geschaffenen Skulpturen und Plastiken. Besondere Aufmerksamkeit erregt der unterhalb des Alten Kurhauses platzierte 3,2 Meter hohe und 4,6 Tonnen schwere Granit-Phallus als natürliche Begegnung der Geschlechter. Er wird bei Flut von der weiblichen See „umarmt". Gleich nebenan steht der mächtige „Kaiserstuhl", ein Thron aus Holz und Stahl, der den Gezeiten trotzt. Auch die zweiteilige Skulptur „Das Tor zum Watt", mit einem Durchblick auf den Jadebusen, soll Dynamik, Vergänglichkeit und Statik ausdrücken. Sehenswert ist ebenfalls ein vierteiliger, rötlich schimmernder Granitblock, der eine Kirche symbolisiert; die

in der Mitte des recht wuchtig erscheinenden „Friesendoms" aufgehängte Glocke läutet ab Windstärke 9 bis 10 buchstäblich „Sturm".

Der „Friesendom" mit aktiver Sturmglocke (ab Windstärke 9)

Schwimmendes Moor
Ein landschaftliches Kleinod

Das Oldenburger Land ist reich an landschaftlichen Kleinoden, sowohl im Binnenland, als auch an der Nordseeküste. Ein weltweit einzigartiges Naturdenkmal ist das so genannte „Schwimmende Moor" am Ostufer des Jadebusens, in dem zur Gemeinde Jade gehörenden Ort Sehestedt. Allerdings gilt es auf Dauer als nicht beständige Sehenswürdigkeit, denn mit jeder größeren Sturmflut gibt es bei dem „Außendeichermoor" messbare Torfabbrüche; die Moor- und Pflanzenwelt verschwindet Stück für Stück. Fachleute geben dem zur Zeit etwa 10 Hektar großen „Schwimmenden Moor" nur noch eine Lebensdauer von einigen Jahrzehnten.

Genau genommen handelt es sich hier nicht um ein ständig schwimmendes Moor, vielmehr wird dieser vor dem Schutzdeich liegende Moorbereich bei Sturmfluten, die mehr als 1,60 Meter über dem mittleren Tidehochwasser liegen, aufgeschwemmt und befindet sich dann schon mal auf der Höhe der Deichkrone.

Das Sehestedter Moor, zu dem das „Schwimmende Moor" als heutiges Restmoor gehört, bedeckte in früherer Zeit weite Teile des Jadebusens.
Verheerende Sturmfluten haben jedoch große Moorflächen und angrenzende Landstriche zerstört.

Ein eindrucksvolles Erscheinungsbild des „Schwimmenden Moores" im Nationalpark.

Deutlich sind die durch Sturmfluten verursachten Abbruchkanten zu erkennen.

Auch heute kann man beobachten, wie Seegang und Wellenschlag buchstäblich am Moor zerren, sodass sich manchmal Risse und Spalten bilden, die bis zu 30 Meter in den Moorbereich hineinreichen. Die Torfabbrüche werden ins offene Wasser getrieben, lagern sich im Watt ab oder geraten auch unter die Moordecke.

Mittlerweile gehört das Sehestedter Moor – benannt nach einem ehemaligen Offizier der dänischen Marine, nach Christian Thomesen Sehestedt – nicht nur zum Nationalpark Niedersächsisches Wattenmeer, sondern als Teil dieser streng geschützten Nordseeküstenlandschaft auch zum UNESCO-Weltnaturerbe der Menschheit. Aber hier handelt es sich nicht „nur" um ein Naturdenkmal. Das „Schwimmende Moor" ist auch eine außergewöhnliche Naturschönheit. Und dieses Paradies der Flora und Fauna kann und darf auch der interessierte Besucher genießen, denn die Nationalparkverwaltung hat einen gut 150 Meter langen Bohlenweg bauen lassen, von dem man das Moor und seine Pflanzen- und Tierwelt in aller Stille beobachten und bewundern kann.

Noch vorhanden: Die offene Moorfläche.

Megalithgräber
Visbeker Brautzug – Relikt aus der Jungsteinzeit

Ein regelrecht „greifbares" Zeugnis für eine recht frühe Besiedlung des Oldenburger Landes liefern vor allem im Bereich des heutigen Naturparks Wildeshauser Geest, rings um die Kreisstadt Wildeshausen, eine Vielzahl von Megalithgräbern und anderen Grabanlagen aus der Zeit ab 3500 vor Christi.

Die Steinzeitbauern errichteten für ihre Verstorbenen häufig eindrucksvolle Gräber aus Findlingen. Diese Großsteingräber, heute als Megalithgräber bezeichnet, glichen zur damaligen Zeit Monumentalbauten. Der Transport und der Bau eines Großsteingrabes entsprachen einer technischen Meisterleistung, denn nicht selten mussten bis zu 50 Tonnen schwere Findlinge von zahlreichen Helfern mühsam herangeschafft werden. Bis heute ist unklar, warum die Verstorbenen in derartig gewaltigen Grabkammern beigesetzt wurden.

Zehn Meter lang ist die gewaltige Grabkammer des „Visbeker Bräutigams" mit tonnenschweren Findlingen.

Die beeindruckende Umfassung der Grabanlage hat eine Länge von 104 Metern.

Besonders ansprechend wirkt der in der Ahlhorner Heide in einem Laubwald gelegene „Visbeker Brautzug". Diese Megalithgrabanlagen zählen zweifellos zu den größten ihrer Art in Europa; sie wurden in der Jungsteinzeit, etwa um 3000 vor Christi, angelegt. Die vollständig erhaltene Grablegung „Visbeker Bräutigam" ist 10 Meter lang, die beeindruckende Umfassung hat Ausmaße von 104 Meter mal 8,5 Meter und bestand ursprünglich aus 130 Findlingen. Nicht ganz so gewaltig ist die Grabkammer „Visbeker Braut", die eine Größe von 5,5 Meter Länge und 1,5 Meter Breite erreicht und eine Umfassung von 80 Meter mal 7 Meter mit 71 Steinblöcken aufweist. Ein etwa 4 Kilometer langer Weg verbindet die großen Grabanlagen. Auch der „Visbeker Brautwagen" ist noch vollständig erhalten.

Auch die Länge der Umfassung der Grabanlage „Visbeker Braut" beträgt 80 Meter.

Museumsdorf Cloppenburg
Niedersächsisches Freilichtmuseum

Zu den eindrucksvollsten Einrichtungen des Oldenburger Landes, die ein ansprechendes Abbild von Geschichte, Brauchtum und Tradition der Region widerspiegeln, zählt zweifellos das „Museumsdorf Cloppenburg, Niedersächsisches Freilichtmuseum". Wirklichkeitsgetreue Baudenkmäler dokumentieren die Lebensweise im ländlichen Raum vom 16. bis 20. Jahrhundert.

Ein realistisches Idyll: Dorfensemble mit Müllerhaus, Kappenwindmühle (1764) und Bauernhaus.

Das „Museumsdorf Cloppenburg" gilt heute als eines der ältesten und umfassendsten Museumsanlagen ihrer Art in Deutschland, denn schon im Jahre 1934 entstand in Cloppenburg ein relativ großzügig angelegtes Freilichtmuseum, um bedrohte Bauwerke aus ländlichen Räumen für die Nachwelt zu erhalten. Heute stehen auf dem gut 20 Hektar großen Museumsbereich 55 wieder aufgebaute Originalgebäude, die wie eh und je mit Leben erfüllt sind. Weitere historische Bauten kommen von Zeit zu Zeit hinzu. Vom allgemeinen Erscheinungsbild ist der Begriff „Museum" daher nicht unbedingt korrekt.

Eingebettet sind die bis zu 500 Jahre alten Bauten in die typische regionale Parklandschaft mit urigen Bäumen und malerischen Bachläufen. Unübersehbar sind vor allem das typisch mächtige ostfriesische Gulfhaus und das charakteristische niedersächsische Hallenhaus.

Kutschfahrten bei Sonderveranstaltungen.

Im Museumsdorf nicht zu übersehen: Die Bockwindmühle von 1638.

Komplette Gehöftanlagen mit allen Neben- und Wirtschaftsgebäuden sind hier zu besichtigen. Daneben gibt es eine Vielzahl von weite-

Der „Dorfkrug" im Niedersachsenhaus.

ren Gebäuden und alte überlieferte Handwerksstätten wie beispielsweise Töpferei, Stellmacherei, Tischlerei und Blaufärberei. Gleich vier Windmühlen (Bockwindmühle, Kokerwindmühle, Kappenwindmühle, Roßwindmühle) bestimmen je nach Blickwinkel die Dorfszenerie, zu der auch eine Bauernschaftsschule, eine Kirche und ein Heiligenhäuschen gehören. Teilweise sind die Gehöfte und Zweckbauten mit originalen Gerätschaften und Mobiliar ausgestattet. Zu den typischen Gerätschaften

zählen auch ein Lokomobil zum Antrieb von Agrarmaschinen und im Eingangsbereich des Museums einer der größten, fast überdimensionalen Pflüge, die je gebaut wurden, zur Urbarmachung von Moorgebieten.

Etliche Sonderveranstaltungen beleben immer wieder das gesamte Freilichtmuseum und animieren den Besucher zu handwerklichen Fähigkeiten. Auch im gemütlichen Dorfkrug fühlt man sich in frühere Zeiten versetzt.

Ein „Lokomobil", Antrieb für Agrargeräte.

Premium AEROTEC-Werke
High-Tec-Segmente aus Varel und Nordenham

Wenn man vom Oldenburger Land spricht, stehen zumeist die abwechslungsreiche Land-schaft, schmucke historische Orte und Städte, Hochschulen oder Museen im Vordergrund. Wer weiß schon, dass in Airbus-Flugzeug-Typen High-Tec-Segmente montiert sind, die aus den Premium AEROTEC-Werken in Varel (Friesland) und Nordenham (Wesermarsch) stammen?

Eine Schmiede am südlichen Stadtrand von Varel war die Geburtsstätte der 1935 gegründeten „Motorenwerke Varel". Seinerzeit konnte niemand ahnen, dass an diesem Standort ein High-Tec-Werk mit heute 1300 hochqualifizierten Mitarbeitern in der Luftfahrtindustrie Furore machen würde. Im Premium AERO-TEC-Werk in Varel werden mit dem modernsten Maschinenpark Europas komplexe Teile aus Stahl, vorrangig jedoch aus Aluminium, Titan und Kohlefaser für alle Baumuster der Airbus-Maschinen sowie für Militärflugzeuge gefertigt.

Bereits 1955 war in Varel mit den Flugzeugbau-Aktivitäten begonnen worden und als zentrales Zerspanwerk der Vereinigten Flugtechnischen Werke setzten bald die Erfolge ein. Die Mitte der 70er Jahre forcierte Beteiligung am Airbus-Programm brachte endgültig den Durchbruch. Das Werk in Varel erhielt als fachlich versiertes Zerspanwerk die Zustän-

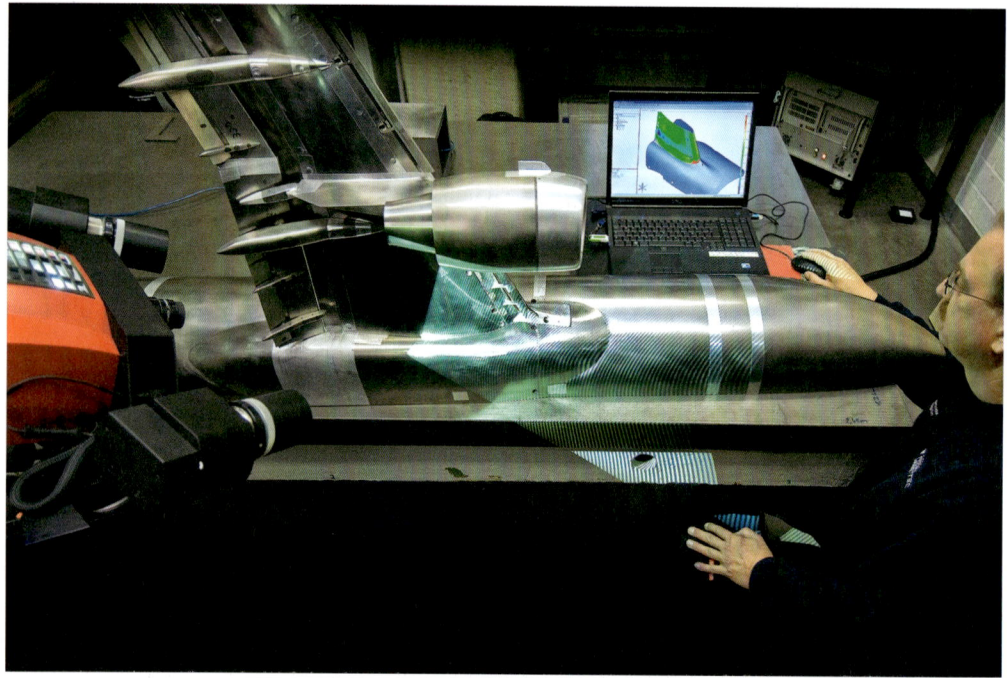

Führend im Windkanal-Modellbau: Hier das Halbmodell eines Airbuses bei einer optischen 3D-Ober-flächen-Digitalisierung (Varel).

Im Dreh-Fräsbearbeitungszentrum werden große Aluminiumteile bearbeitet (Varel).

digkeit für den Airbus-Verbund und wurde schließlich das Kompetenzzentrum für den Fertigungsmittelbau. Neben der Groß- und Kleinfertigung von Ersatzteilen und den gängigen Zerspanungs-Aufträgen gewinnt auch die Montage von Flugzeugteilen heute immer größere Bedeutung. Führend ist das Werk in Varel vor allem auch auf dem Sektor Windkanal-Modellbau.

Das direkt an der Weser gelegene Premium AEROTEC-Werk Nordenham ist traditionell auf die Herstellung von kompletten Flugzeugteilen, beispielsweise Schalen und Rumpfstrukturen, spezialisiert, die per Schiff zum Airbus-Werk nach Hamburg transportiert werden. Abgesehen von Flugzeugsegmenten für die gesamte Airbusflotte, fertigt das Werk Nordenham auch Bauteile für andere Luftfahrtkunden und sogar für branchenfremde Unternehmen, unter anderem für Hochgeschwindigkeitszüge (ICE3). Das Werk Nordenham ist mit 2.700 Mitarbeitern als größter Betrieb der Premium AEROTEC-Gruppe (Hauptsitz Augsburg) weltweit der modernste Produktionsstandort für den Bereich Flugzeugschalenfertigung.

Sektions-Montagehalle für „Eurofighter" (Varel).

Versiegelungsroboter für Flügelanbauteile, Baugruppenmontage (Varel).

Schiffahrtsmuseum Brake
Internationale Handelsschifffahrt Unterweser

Die Geschichte des Oldenburger Landes ist eng mit der Entwicklung der Weserorte und deren Häfen verbunden. Die Städte Elsfleth, Brake und Nordenham sowie die Gemeinde Lemwerder haben als Hafenorte eine lange Tradition. Schon die Oldenburger Grafen wussten die Bedeutung der für Handelsschiffe zu nutzenden Unterweser richtig einzuschätzen. Nicht nur der internationale Handelsverkehr von Hafen zu Hafen, sondern vor allem der „Elsflether Weserzoll" brachte fast zwei Jahrhunderte lang etliche „Reichsthaler" in die Oldenburger Kasse.

Im „Schiffahrtsmuseum der oldenburgischen Seehäfen" in Brake wird über die Geschichte der Schifffahrt auf der Unterweser umfassend informiert. Der Mitte des 19. Jahrhunderts errichtete optische Telegraph, ein Überbleibsel der früher für die Handelsschifffahrt wichtigen Signalstationen, die mit schwenkbaren Signalarmen notwendige Schifffahrtszeichen vermittelten, beherbergt einen Teil des Schifffahrtsmuseums.

Der nicht zu übersehende rote Backsteinbau ist noch heute das Wahrzeichen der Stadt; das obere Turmgeschoss gewährt einen Rundblick über die Stadt mit den Hafenanlagen und zu der Weserinsel Harriersand. Die Schausammlung beschreibt unter anderem den Bordalltag auf Segelschiffen (und in früherer Zeit auf Walfangbooten), schildert den Lebenslauf von Kapitänen, zeigt exotische Souvenirs aus Überseeländern, Gallionsfiguren, Halbmodelle und

Hier ist alles original erhalten: Der Schiffsausrüsterladen im Museumshaus Borgstede & Becker.

Segment eines Rettungsbootes der „Pamir".

ein Fragment eines Rettungsbootes der 1957 im Orkan gesunkenen Viermastbark „Pamir".

Moderner sind die Darstellungen in den Anfang 2007 nach umfangreichen Umbauarbeiten neu eröffneten Museumsräumen im ehemaligen Kaufmannshaus Borgstede & Becker. Auf drei Etagen werden die vielfältigen Aspekte der regionalen Schifffahrt von der Handelsgeschichte über die Handhabung der Schifffahrt unter oldenburgischer Flagge bis hin zum regionalen Schiffsbau recht eindrucksvoll behandelt. In der Dependance in Elsfleth, im „Elsflether Schiffahrtsmuseum" wird insbesondere das Thema Reedereistandort Elsfleth

Exponat in der Abteilung „Bootsbau" (Elsfleth).

behandelt. Im Elsflether Weserhafen ist der berühmte Dreimast-Gaffelschoner „Großherzogin Elisabeth" beheimatet.

Die Informationen und Exponate im „Schiffahrtsmuseum Brake" belegen exemplarisch, dass die Oldenburger Grafen, Herzöge und Großherzöge auch auf dem maritimen Sektor buchstäblich „mit allen Wassern gewaschen" waren.

In Brake: Eine Fülle von Exponaten zum Thema „Nautik/Navigation".

Marinemuseum Wilhelmshaven
Dauerausstellung in der Kaiserlichen Werft

Das Handeln der Oldenburger Grafen, Herzöge und Großherzöge war stets auch von strategischen Überlegungen beherrscht. Dabei ging es nicht nur um die Sicherung des Herrschaftsbereiches sondern auch um diplomatische Schachzüge. Der Drang zum Meer gehörte ebenfalls immer wieder zum Einfallsreichtum der Oldenburger.

Preußen erwarb im Jahre 1853 vom Großherzogtum Oldenburg einen Uferstreifen am Jadebusen als Standort für eine Kriegsflotte („Jade-Vertrag") und begann mit dem Bau des neuen deutschen Kriegshafens. Bald entwickelte sich Wilhelmshaven zu einer bedeutenden Seehafenstadt, wo sich der zur Zeit größte Standort der Bundesmarine befindet. Folgerichtig wurde in Wilhelmshaven auch das „Deutsche Marinemuseum Wilhelmshaven" (Eröffnung 1998) angesiedelt. Seitdem kamen über 1,5 Millionen Besucher um sich in einem

Der Stolz des Marinemuseums Wilhelmshaven: Der ausgemusterte Lenkwaffenzerstörer „Mölders". Das Schiff ist komplett zugänglich.

Im Museumsfreigelände zeigt die Marine ihre Luftaktivitäten, den Jagdbomber „Starfighter".

1888 errichteten, unter Denkmalschutz stehenden Gebäude der ehemaligen kaiserlichen Werft die Dauerausstellung „Menschen, Zeiten, Schiffe" und im Freigelände die beeindruckenden „Live"-Exponate anzuschauen. Es gibt kaum eine andere Möglichkeit, sich über die Geschichte der deutschen Kriegsmarine so umfassend zu informieren. Besonders interessant sind im Freigelände unter anderem das Unterseeboot „U 10", der Marinejagdbomber Typ „Starfighter", das Minenjagdboot „Weilheim" und der Lenkwaffenzerstörer „Mölders". Lange Zeit war die „Mölders" eines der modernsten Schiffe der Bundesmarine; jetzt ist es in seiner Dimension das größte Museumsschiff Deutschlands und damit das einzigartige Alleinstellungsmerkmal des Marinemuseums in Wilhelmshaven und im Oldenburger Land!

Die modern und didaktisch übersichtlich gestaltete Dauerausstellung zeigt die Geschichte der Seestreitkräfte von 1848 bis zur Gegenwart. In Wilhelmshaven ist es zweifellos gelungen, eine ausgewogene Schau zu installieren und die richtige Balance zu finden. Denn zur deutschen Marinegeschichte gehören unausweichlich Kriegszeiten, verschiedene Regierungsformen, unvergessliche Tragödien, die Marinen zweier deutscher Staaten und dramatische menschliche Schicksale.

Verschiedene Schiffstypen. Rechts das Unterseeboot „U 10".

Im Museum: Die Abteilung „Zeitalter der Weltkriege".

JadeWeserPort Wilhelmshaven
Einer der modernsten Containerhäfen Europas

Wenngleich die Anfänge an der Unterweser, am Jadebusen und an der Hunte für heutige Verhältnisse relativ bescheiden waren, hat die Frachtschifffahrt im Oldenburger Land für das Herzogtum Oldenburg doch eine große Rolle gespielt. Immerhin partizipierte die Oldenburger Staatskasse fast zwei Jahrhunderte lang von einem teilweise nicht unerheblichen Weserzoll.

Spätestens seit Mitte des 19. Jahrhunderts wuchs die Bedeutung der Häfen an der Küste und an den Flüssen und es begann ein entsprechender Aus- oder Neubau. Die Weserstadt Brake baute ihren Hafen jetzt aus und am Jadebusen entstand auf Veranlassung von Kaiser Wilhelm I. und der Preußischen Marine ein Marinehafen,

nachdem Preußen dem Großherzogtum Oldenburg 313 Hektar Land abgekauft hatte („Jadevertrag" von 1853).

Der Bau des Nordseemarinehafens – heute der größte Standort der Bundesmarine – ist identisch mit der Gründung der Stadt Wilhelmshaven, die in der Neuzeit wieder mit einem rich-

So sehen Fachleute den endgültigen Ausbau des JadeWeserPorts. Rechts die Containerbrücken, links der Service- und Logistikbereich.

74

Auf jeden Fall besuchenswert: Das JadeWeserPort Info-Center.

Im Info-Center: Junge Besucher auf Wissenstour.

tungsweisenden maritimen Hafenprojekt auf sich aufmerksam macht. Mit dem „JadeWeser-Port" entstand einer der größten Containerhäfen Europas, hier sind die besten Voraussetzungen für die Anlandungen riesiger Containerschiffe mit bis zu 14.000 Containern gegeben. Die natürliche Wassertiefe (mindestens 18 Meter unter Tideniedrigwasser) lässt die notwendigen Schiffsbewegungen ohne Probleme zu.

Das gesamte Hafengelände – einschließlich Logistikbereiche – verfügt über eine Nutzfläche von 360 Hektar, die größtenteils durch Aufspülungen bis zu einer Höhe von 7,50 Meter dem Meer abgerungen wurde. An der 1.725 Meter langen Kaimauer können mehrere Containerschiffe zugleich abgefertigt werden. Eine Vielzahl von Stapelkränen und 16 Containerbrücken sorgen für eine reibungslose Logistik. Zusätzliche Gewerbegebiete stehen zur Verfügung oder können noch erschlossen werden. Zum Schutz des angrenzenden „Nationalpark Niedersächsisches Wattenmeer" (UNESCO-Weltnaturerbe) wurden besondere ökologische Ausgleichsflächen mit entsprechenden Anpflanzungen geschaffen.

Über die technischen Einzelheiten und die Arbeitsweise des modernen Containerhafens kann sich der interessierte Besucher im JadeWeser-Port-InfoCenter informieren.

Riesige Containerbrücken sorgen für die Ent- und Beladung der gigantischen Containerschiffe.

Bildnachweis
Einzigartiges Oldenburger Land

Eckhard Albrecht S. 66 (links unten)

Günter Alvensleben Titel (unten), S. 8, 9 (links unten), 10 (links unten), 17 (rechts unten), 21 (rechts oben, links unten), 27 (rechts unten), 40, 41, 49 (oben), 57 (Mitte), 67 (rechts unten)

Archiv RB Alvensleben S. 4 (links), 29 (rechts oben, unten)

Archiv Salzburger Festspiele S. 47 (unten)

August-Hinrichs-Bühne des Oldenburgischen Staatstheaters S. 52, 53

Bad Zwischenahner Touristik GmbH S. 37 (links oben)

Bischöfliches Generalvikariat Münster; Bistumsarchiv S. 50, 51

F.A. Bruns Aalräucherei S. 36, 37 (rechts)

Heimatverein Conneforde S. 30, 31

Heimatverein „Vergnögde Goodheit" Westerscheps S. 32, 33

JadeWeserPort Realisierungsgesellschaft mbH S. 27 (oben), 74, 75

Wolfgang Jöllenbeck, Ev. Kirchenbüro Wildeshausen S. 18, 19

Torsten Krüger S. 16

Kurverwaltung Dangast S. 60 (links), 61 (rechts unten)

Kurverwaltung Wangerooge S. 12, 13

Landesbibliothek Oldenburg S. 44

Landesmuseum für Kunst und Kulturgeschichte Oldenburg, Sven Adelaide S. 17 (oben, links unten), 56, 57 (oben)

Landesmuseum für Natur und Mensch, J. Schwanke, S. 57 (unten)

Oliver Lange S. 15 (Mitte, unten)

Marinemuseum Wilhelmshaven S. 72, 73

Horst Janssen Museum Oldenburg, Städtische Museen, Sammlungen und Kunsthäuser S. 54, 55

Naturpark Dümmer e.V. Titel (Mitte), S. 4 (Mitte), 14, 15 (oben)

Niedersächsisches Freilichtmuseum Museumsdorf Cloppenburg S. 66 (oben), 67 (oben, Mitte)

Niedersächsisches Landesarchiv Oldenburg S. 39 (links oben)

Christiane Oetken Rücktitel, S. 34, 61 (oben)

Oldenburger Pferde-Zentrum Vechta S. 10, 11

Oldenburg Tourismus und Marketing GmbH S. 35 (oben)

Ostfriesland Tourismus GmbH Leer S. 28, 29 (links oben)

Park der Gärten eGmbH Bad Zwischenahn S. 9 (oben, rechts unten)

Premium AEROTEC GmbH Werk Varel S. 68, 69

Privatbesitz Erna Schlüter-Gesellschaft S. 46, 47 (oben)

Rasteder Musiktage e.V. S. 58, 59

Schiffahrtsmuseum Unterweser Brake S. 70, 71 (Linda Thorlton rechts oben)

Schlossmuseum Jever S. 42, 43

U. Schlüter S. 48, 49 (rechts unten)

Städtische Museen, Sammlungen und Kunsthäuser Oldenburg S. 54, 55

Stadt Oldenburg, Christian Kranz S. 35 (unten)

Stadt Vechta S. 24, 25

Dirk Topel S. 60 (rechts)

Tourist Information Nordkreis Vechta S. 20, 21 (links unten, Mitte, rechts unten)

Rüdiger von Lemm Titel (links oben), S. 62, 63

Wildeshauser Schützengilde, Olaf Blume S. 22, 23

Wilhelmshaven Touristik & Freizeit GmbH, Lübbe S. 4 (rechts), 26, 27 (Mitte)

Zweckverband Naturpark Wildeshauser Geest, Michael Nath Titel (rechts), S. 64, 65 (oben, Marianne Steinkamp unten)

Verlag und Autor danken allen beteiligten Stellen und Fotografen für die freundliche Unterstützung.